[瑞典] 罗拉 · A. 阿克斯特伦（Lola A. Åkerström）———著
施红梅———译

湖南文艺出版社 博集天卷 CS-BOOKY

谨以此书献给我的丈夫和孩子们，他们让我的生活充满快乐、爱和意义。

LAGOM

THE SWEDISH SECRET OF LIVING WELL

目 录

CONTENTS

NOTE FROM 作者寄语 THE AUTHOR

谦虚者，有美德。

瑞典谚语

很多年前，我第一次注意到这种无法言表的气氛时，感觉它就像房间里一头笨拙的大象，显而易见却无人提及。当时，我正和几位小提琴家和贝斯手吃饭，他们在当地的管弦乐团演出，也在瑞典斯德哥尔摩的皇家爱乐乐团及广播交响乐团演出。一般而言，他们一周的工作要么是给诺贝尔奖颁奖典礼演奏，要么就是为瑞典王室举办私人演出。

而我却格格不入，是被邀请去参加这个相当随意的晚宴的局外人。在这里，约定俗成的着装规范是：女士们穿着旧蓝色牛仔裤，搭配宽松的上衣，男士们则身着裁剪更为考究、更加修身的衣饰。所有人的脚上都穿着暖和的羊毛袜子。

我们周围弥漫着一种适度的氛围，言谈举止间似乎不会出现毫无理由的自我吹嘘，也没有人愿意透露个人信息，除非有宾客专门问起。在这个群体中，每个人都能流利地说上三种语言。然而，这些多次周游世界的环球旅行者很快就摒弃了他们的多语种技能，毕竟那不是他们的母语。有好几次，我们开的玩笑陷入了长时间的沉默，而这种情景似乎让他们感到特别舒服。我们所处的那间小公寓里弥漫着温暖、满足。

那个潜意识的时刻突袭而至，“拉戈姆”（lagom）[1]作为一条无声的规则，开始清晰地从我这个瑞典新居民的影子中凸显出来。尽管如此，我还是将它归因于朋友

[1] Lagom 一词很能代表瑞典人的处世态度：不极端、不过分、中立、平等，有“恰如其分，不多不少”之意，与中国人的“中庸之道”有相似之处。

之间的朴实与谦逊。朋友们很快就相互熟识，觉得没有必要炫耀，或是独霸整个谈话。

直到这种沉默的风气在一个截然不同的场景中再次出现，我才意识到，它算得上一种“得体”的行为，也是一种形式上变化多端的公共准则。

我注意到这种氛围是在我们一群人从瑞典的拉普兰飞到斯德哥尔摩的时候。当时，大家都站在行李传送带旁，沉默地等待着延迟到来的行李。除了熟人之间偶尔有些交流外，陌生人在这长达三十分钟的技术延迟里都没有互相攀谈。换作在别的地方，我准会推推身边的乘客，随后我们便会毫无顾忌地大声叫嚷，对遇到的困境相互安慰。

给予相应的答复即可，
不必分享多余的信息。

瑞典谚语

可是在这里，在瑞典人思维模式的生态系统中，陈述显而易见的事实似乎是没有必要的。

这种认识随后得到了进一步的巩固。有一次，我去上瑞典语课迟到了。我已经做好准备向老师解释我迟到的原因。

“不需要，”一位当地人急忙给我建议，“没有必要解释你迟到的原因，只要为你的迟到道歉就行了。”也就是说，我无须分享更多不必要的信息。

尤其是在没有人问起的时候。

那一刻完全把我带回到和音乐家们一起吃饭的场景之中。我现在可以更加清楚地审视这一原则。随着时间的推移，最初出现在房间里的那头笨拙的大象，演变成了一种看不见的指导精神，在耳边轻声低语，不断提醒着人们。

“不要太多，不要太少，”它低声说，“只要刚刚好。”

不是中间，不是平均，没有自满，恰如其分就好。

这种特质仍然是“拉戈姆精神”的潜在力量，它是实现最优生活方式的基础。在这种生活方式中，一个人平等地给予和接受，而不会影响到个性与群体之间的平衡。

很多年以前，在我搬到瑞典之前，我就已经听说过这种不言而喻的习俗。而且，随着时间的推移，随着我进一步融入瑞典文化，我开始在生活的各方面采纳了“拉戈姆”。这本书深刻地反映了我独特的视角——既有客观的观察，也有我与瑞典亲密接触的主观感受。

“拉戈姆”远远超越了简单的适度原则。

我希望通过这本书告诉读者，“拉戈姆”这个不起眼的、低调的词语，不仅能够深深地渗透瑞典人的心灵（比如通过古老的瑞典谚语），也能够成为助你过上幸福生活的小秘密。

不只是过上平衡的生活，更能找到专属于你的完美平衡。

L
A
G
O

介绍与使用

INTRODUCTION

+

USAGE

适量最好。

瑞典谚语

身处压力巨大的时代，迫使我们不断与外界保持联系，要求我们时刻掌握突发新闻，紧紧追随科技的进步、生活方式的改变和流行文化规范那令人眩晕的更新速度。

我们跌跌撞撞努力追赶别人，与外界保持联系，避免落后。我们不断感受到内心在排斥周围环境带来的外部压力——那些来自工作、玩乐、人际关系和社会等方面的压力。我们不断破坏自己生活的自然轨迹，有时甚至被迫按下自己的重启键。

于是，我们努力切断和世界的联系，排除外界的影响，将世界关在门外，尽量从情绪上、精神上、身体上得到放松、休养和恢复。这些解决方案，无论在我们激活它们的那一刻多么有效，其效果往往都是临时的、转瞬即逝的。因此，在我们不断探索寻找新的方法以平衡生活并且更加接近让我们快乐的事时，我们常常会跳出自己的舒适空间，向别人汲取灵感、向他人学习。

哪些是其他人做得很好，值得我们效仿的？哪些是其他人做得不好，我们可以避免的？

瑞典语“拉戈姆”最近作为一种新的生活趋势，可以被我们运用到日常生活中。这并不是我们第一次从其他文化中借用外来词了。我们从中获得生活的灵感，让我们以自己为中心，重新回到个人的生活轨道。

斯瓦希里语“Hakuna matata”的意思是“不用担心”。这个“给予视角”的词组是指我们需要通过打破紧张的外壳使生活更加平静。并不是说要对生活中的每一种情况都抱着无忧无虑的态度，而是指面对事情时要后退一步，才能清晰地审视大局，避免小题大做。

拉丁语“Carpe diem”意为“抓住今天”，它告诉我们在机会来临时抓住机遇，利用好今天，因为明天可能永远不会到来。我们无法保证未来，因此，应该用有意义的经历充实当下的每一天。

德语单词“Fernweh”指的是漫游癖和对旅行的渴望——我们总是需要去往全新的地方，远离熟悉的环境。这是一种把我们从舒适的精神家园中拉出来，带我们前往陌生世界探索的牵引力。

我们从丹麦人那里学到了“hygge”一词。该词的表层意思是指与我们所爱的人一起，以及独处时所感受到的那种舒适、亲密和放松。但其更深层次的含义，是指在特定时刻的满足感和快乐的情绪状态。

现在，瑞典人为我们贡献了“拉戈姆”这个词。

它是了解北欧文化思维模式的关键。它不仅仅是一个词，还表示作为一个瑞典人以及像瑞典人一样生活意味着什么。它从社会意识、适度和可持续性这三方面揭示了瑞典人生活幸福的秘诀。

然而，与前面提及的那些外来词语一样，“拉戈姆”能怎样融入我们的生活，它又能怎样教会我们更加了解自己呢？

多个世纪以来，为什么瑞典人那么推崇古谚语“拉戈姆是最好的”？

“拉戈姆”的真实含义到底是什么呢？

无法定义的“拉戈姆”

首先，我们需要学习如何正确地读出这个词。

“Lagom”（拉戈姆）常被写成“lar-gohm”（拉－戈姆），“lar”听起来像英语单词“bar”。然而，对讲英语的人来说，最贴切的发音是“laaaw-gum”。也就是说，在读“law”（法律）这个词时，噘起嘴，稍微重读字母“w”。这样，你的发音方式就和瑞典人一模一样了。

其次，“拉戈姆”没有明确的定义。但是，有很多不同的阐述和不够精确的翻译，想要试图揭开这个瑞典语单词的神秘面纱。

从表面意思来看，“拉戈姆”通常被定义为“恰当的数量”和“一切刚刚好”，表示一种恰当的氛围。进一步过滤之后，“拉戈姆”的意思是：不需要过度、夸张、不必要的公开展示，以及毫无根据的炫耀。

假如你打开一本英语同义词词典，很容易就能找到“拉戈姆”的同义词。其中包括：适量、适度、恰当、适当数量、正好、足够、适宜、均衡、平衡、中庸之道、折中方法、恰如其分、妥当、精准、合理、和谐等等。

我们对“拉戈姆”的字面意思进行探寻时，将它放到了一个意为“适度”的同义词之中，可是，“拉戈姆”的意义远胜于此。以最强烈的意思来说，“拉戈姆”表示一种我们可获得的接近于完美和满足的东西。

照字面意思来看，“拉戈姆”并不是指完美，因为它本身就无法实现完美。它指的是最佳解决方案，是我们可以实现的最和谐的方式。它展现了一个潜意识的乌托邦：在这里，你我根据特定的情境、特定的时刻、特定的互动做出对个人和群体来说最佳的选择。

假如浓缩提炼“拉戈姆”的精髓，它就是指追求生活的终极平衡；如果将其运用到生活的方方面面，那么它能帮助你并引导你在最自然、最轻松的状态下生活。

就像英国作家罗伯特·骚塞在 1837 年所写的童话故事《金发姑娘和三只熊》中的女主人公一样，金发姑娘想要找到正好适合自己的椅子、床和一碗粥。熊爸爸的粥是他自己的“拉戈姆”；熊妈妈的粥对她自己来说也是一样。不过，我们从来没有真正考虑过这些，我们只关注金发姑娘的完美选择。

对不同的人来说，“拉戈姆”的状态和衡量标准不尽相同。例如，我们俩都对某物感到满意，但我的满意程度可能与你的满意程度有所不同。

在你的生活中，“拉戈姆”代表了最终的平衡点或中庸之道。更重要的是，“拉戈姆”鼓励你在合适的平衡点上活出自己。

在日常生活中如何使用“拉戈姆”

虽然“拉戈姆”是瑞典人的精神支柱，但它更常被用作副词或形容词，很少用作名词，或是以其替代形式“lagomet”出现。“lagomet”的意思是“平衡”或“均衡”。

在句子中使用这个词，会改变听者对这个句子的处理方式。在谈话中，一旦出现“拉戈姆”这个词，相当于立刻向听者表明：无论说话者是在什么样的语境中使用这个词，都需要听者按照“最佳”或“刚刚好”的方式来进行理解。

也就是说，假如我向你描述某件事，并说它是“拉戈姆”，那么尽管我对“完美”的“拉戈姆”状态的想法不一定和你的想法一样，但只要我的句子中出现了这个词，立刻就将我们俩理解的理想状态联系在一起，你也就进入了共同认同的空间。

换句话说，我的“拉戈姆”可能不是你的“拉戈姆”，但我们都是在各自的最佳状态下运作。

而这本身就是“拉戈姆”的美丽本质。

“拉戈姆”被用作副词

当“拉戈姆”被用作副词时，它可以修饰动词、形容词和其他副词，并有意识地引导听众以 “刚刚好”为基准来进行谈话。

例如，我是说话者，如果我说：

Maten är lagom saltad——意思是“食物腌制得刚刚好”，就我的口味来说。作为听者，你在脑海里可以想象这些食物腌制得完全符合你的口味。我尝到的口味也许比你的更咸，但你能充分理解该语境的意思。

Festen var lagom stor ——“派对规模刚刚好”……大到足以让我在需要的时候躲起来成为壁花不被人注意，小到足以让我和其他客人待在一起感到亲密和舒适。

Det är lagom varmt ute——“外面很温暖”……意思

是对我来说，这是一种愉快的感觉。让我在外面感觉到温暖，而不是太热。

Hen kom precis lagom——“他／她来得正是时候”……不一定要准时，但在适当的时候出现。

以上主要是适用于个体的情况。然而，当“拉戈姆”被应用到群体环境中时，它就指引你在群体中平衡你的个人判断，做出得体的行为。

例如：

Skryt lagom！“别这样吹嘘！”别再这样炫耀了。即使你只激怒了一个人，仍然会扰乱整个团队。

Ta en lagom portion——“只拿走合理的部分”。这样一来，团队中的其他成员也可以得到公平的份额。拿走能充分满足你胃口的部分，但要用你的判断力和智慧来确保其他人都能得到足够的数量。

虽然在一个群体中这样做可能是种负担，但渐渐地，你知道了该给予多少，拿回多少，学会了平衡需求与欲望。

欲望和需求的平衡使我们更接近于个人的满足，而这正是“拉戈姆”积极推动我们前进的方向。

“拉戈姆”被用作形容词

当“拉戈姆”作为形容词出现来修饰名词和代词时，它表示物品最佳的量。在这个语境里使用“拉戈姆”时，它的同义词可能是“合适的”或“适当的”。是指对说话者来说刚刚好的状态，而非听者心中的“拉戈姆”状态。

例如，我是说话者，如果我说：

Stå på lagom avstånd——“站在一个适当的距离。”

意思是不要离得太远，那样会给我带来不便；但也不要离得太近，那样又会让我感到不舒服。

Det är precis lagom för mig——“这对我来说是合适的。”意思是它刚好符合我自然的舒适状态。

Min lägenhet är lagom——“我的公寓对我来说刚刚好。”意思是我真的不需要更大或更小的地方。我公寓的大小对我来说正合适。

“拉戈姆”：变形术

理解“拉戈姆”这个词的意思以及它的常见用法对我们来说至关重要。因为在不同的场景中，“拉戈姆”也有变化，在不同的场景中意味着不同的东西。

“拉戈姆”会随不同的场景而变化。根据语境的不同，“拉戈姆”可以是感性的，也可以是冷漠的；可以是定性的，也可以是定量的；可以是正面的，也可以是负面的。它可以表示讽刺或赞美，也可能意味着现实主义、逻辑和常识。

在接下来的几章里，我们将探讨“拉戈姆”如何体现在我们的家庭生活、人际关系、社会生活、工作，以及我们每日生活的不同场景中。

然而，最大的收获应该是：一旦我们明白“拉戈姆”在上述情况中如何应用，我们能从中学到的东西。

怎样用这些经验来丰富我们自己的生活，使之更有价值，给我们和我们的选择带来意义呢？

在家里、工作和娱乐中,“拉戈姆”能教给我们什么?

归根结底,“拉戈姆”的作用是引导我们、给予我们额外的推力。通过减少压力,让我们的生活充盈着满足感,从而找到个人生活中毫不费力的平衡点。

文化与情感

CULTURE
+
EMOTION

自己的幸福由自己创造。

瑞典谚语

你知道瑞典有一个相当生动的昵称吗?

有时，瑞典会被称瑞典人称为“知足之地”(“拉戈姆”之地)，因为在瑞典，“拉戈姆”从根本上已经被视为一种生活方式。像瑞典人一样生活，意味着我们在生活的各方面采纳了“拉戈姆”这一文化元素。说到磨炼我们的情感，“拉戈姆”呈现的是不过度的适宜之态。

想要了解瑞典的灵魂，我们需要进一步审视“拉戈姆”这个词。看看它是如何深深地渗透到瑞典人生活的方方面面——从文化、时尚健康到事业、人际关系和社会的。

时光倒流

首先，我们需要了解“拉戈姆”是怎样产生的。它何时出现在文化之中，又从何时开始渗透到瑞典人的思维当中。

17 世纪早期，意为“法律”和“团队”的“lag”一词开始出现在瑞典语中。当时，“lag ”的复数形式是“lagom”。没有人能准确地说出“拉戈姆”进入瑞典人集体意识的确切时刻，但许多人都认为，“拉戈姆”扎根于社区的源头可以追溯到生活在公元 8 世纪到 11 世纪的维京人。

瑞典语中“lagom”这个词也被认为是短语“laget om”的缩写，该短语的字面意思是“围绕着团队”。关于“拉戈姆”的真正起源，人们普遍认为，它指的是作为一个团队成员，占有自己的公平份额。这一观念是通过维京人一代代传下来的。据说，人们经过一天的辛苦劳作之后，会围坐在炉火边用一个公用的牛角传递蜂蜜酒喝——一种由发酵的蜂蜜制成的酒精饮料。每个人适量饮酒，才能让其他人得到公平的份额。我想，任何不遵守这种行为准则的维京人，都会遭到团队的惩罚。

此时，“拉戈姆”开始呈现不同的面貌——它代表着有节制，不太多、不太少、刚刚好。

瑞典历史上基督教路德派的价值观，也随着时间的推移，在“拉戈姆”中加入了清教徒的精神，表现出谦逊、和谐，并成为我们兄弟姐妹的社会守护者，确保每个人都得到公平和平等的待遇。

从历史上来看，这种对公平和平等的追求，最终成了瑞典政治基因的核心。作为一个社会福利型国家，在这里，适度、平等和通过公平的税收分享财富，是以法律的形式强制执行的，并在公民中得到了进一步推广。

因此，随着时间的推移，我们今天所看到的瑞典集体主义思想是一种积极的意识，告诉我们应该如何在社群中生存，如何以不给他人带来负面影响或不便的方式来生活。

看看现在

如果你问街上普通的瑞典人，在现代史中瑞典上一次参战是什么时候，他们可能会回答“从来没有过”。

有着根植于平等和适度的文化根源，瑞典的国家行为准则是共识、中立和非对抗。

人们常说，这种所谓的中立使瑞典能够为世界输送这么多优秀的外交官和谈判代表，从商人和人道主义者拉乌尔·瓦伦堡，到瑞典外交官达格·哈马舍尔德。20世纪40年代，拉乌尔·瓦伦堡担任布达佩斯的瑞典特使期间，拯救了成千上万的犹太人。达格·哈马舍尔德是20世纪50年代的联合国秘书长，在停火谈判途中不幸死于飞机失事。

撇开中立不谈，我们需要同心协力来建设一个国家。我们对待彼此的态度，以及我们所居住的空间，都有助于塑造我们整体的生活品质。

每年，总部设在美国的非营利组织“社会进步促进会”基于如何解决社会需求这一问题在全球范围内对国家进行排名，瑞典一直是生活质量指数最高的10个国家之一。

第一个衡量标准是，每个国家如何处理基本的人类需求，如医疗、卫生和住房问题。第二个衡量标准是，该国的幸福基础有多么坚实，涵盖教育、技术和平均寿命。第三个衡量标准是，在这个社会中，对个人权利、选择自由和宽容给予什么样的机会。

2016年，瑞典在解决基本的人类需求、获取知识和信息以及环境质量等方面以高于90分的成绩在全球范围内排名第六。

这种平等的心态和共享的信念正是瑞典成为世界上男女最为平等的国家之一的原因。根据2016年全球性别差距报告显示，从教育、政治、经济和健康等方面来衡量性别平等，瑞典在全球排名第四，仅次于冰岛、芬兰和挪威。“拉戈姆”的光辉品质——平等、公正和最优——已经帮助瑞典成为众所周知的高生活水准的国家。

假如“拉戈姆”是瑞典人生活方式的基础，那么对于这个词的能量，以及我们如何在生活中采纳它并从中获益，还有一些需要探讨的内容。

然而，并不是每个人都能接受“拉戈姆”这个词。

即使是在瑞典人之中。

宁愿沉默也不要说坏话。

瑞典谚语

瑞典人的克制

每个人对“拉戈姆”的衡量标准各不相同，有些人觉得“拉戈姆”的某些特质妨碍了自己的生活方式，而这个词的本意是在强化和充实人们的生活。

从适度中派生出来的中立、克制和顺从通常被认为是一种过度的、相当严峻的负担。也因此，“拉戈姆”会扼杀创造力和野心。这种避免极端的行为让我们处于自满和平庸的快乐泡沫之中，永远不去尝试挑战新的事物，不去经受检验，不去面对失败和见证成长。

在基本层面上，我们将“拉戈姆”视为“过度”的对立面。因此，任何在群体环境中表现出不合时宜的姿态或情感，通常都会遭到沉默的反对。

这就是我所说的“瑞典人的沉默”。正如一句老话说的那样：宁愿沉默也不要说坏话，要悄悄地劝诫人，而不要受到劝诫行为的伤害。

许多前来瑞典的游客都会惊叹于这个国家的自然美景——从点缀着可爱红色小屋的郁郁葱葱的乡村，到惊人地跨越了 14 个岛屿的首都斯德哥尔摩。然而，谈到在公共场所，比如在公共汽车、地铁和街道上与陌生人交流时，许多游客会对一些社会规则感到困惑不解。因为瑞典总让人感觉到一种安静的气氛。这种气氛常常被误解为漠不关心或冷漠无情。假如我们最终接收到这种安静的氛围，可能会觉得是在针对自己。

在我们周围编织寂静之线的，正是“拉戈姆”。

与冷淡、冷漠或反社会的态度不同，“拉戈姆”试图确保你要为邻居着想。因此，作为一个外国人，你可能会渴望与当地人接触、互动和被他们接受。但作为一个瑞典人，我可能会从一个适度的心理空间为你着想，希望确保你有自己的空间，不会因为我的存在而给你带来不便。

这就是瑞典人通常不喜欢与陌生人随意闲聊，也不喜欢说些显而易见的事情的原因，这也是许多新居民和游客常常感受到文化冲击的原因。与朋友和陌生人之间的交谈会出现长时间的沉默。对瑞典人而言，这种缄默通常是非常舒适的；而对陌生人来说，这可能是一种尴尬的折磨。

也许有人会抱怨很难与瑞典人建立融洽的关系。在瑞典文化中，在非语言交流上，没有夸张的表达方式。对外国人来说，和瑞典人安静地坐在一起，通常感觉就像和面无表情的人坐在一场高赌注的牌桌上。在瑞典的某些地区，比如北方，这一特点体现得更为明显。

瑞典流行这样一句谚语：与其开口说话消除一切疑虑，不如保持安静，假装无知。因为“拉戈姆”确保你只需要分享与目前情况相关的必要信息，闲聊常常会被误解为“过度分享”。很少会有人无端地赞美，因为我们想要用行动说话——用行动来表达赞美。如果一个人做得太多或说得太多，可能会受到批评；如果什么也不说，什么也不做，就可以避免遭受批评。

因此，沉默仍在继续。

过分的赞美是一种负担。

瑞典谚语

遇见詹代——“拉戈姆”的忌妒表亲

我的“拉戈姆”和你的“拉戈姆”并不一样。“拉戈姆”的目标是达到最终的平衡以引导我们走向个人的满足，实际上这一点可能会滋生怨恨，因为“拉戈姆”不能以相同的标准应用到每个人身上。

因此，在团队环境中“拉戈姆”有一个黑暗的区域，它不仅要求我们大家保持一致，而且要求我们不能把个人的“拉戈姆”水平带进群体之中。在任何事情上，我们都不能做得太多或太少，也不能不无意识地自认为比团队中的其他人更为优秀。

1933年，丹麦裔挪威小说家阿克塞尔·桑德摩斯在其小说《难民迷影》中虚构了一个名叫詹代的小镇。在这个小镇里，虚构的城镇居民要遵守十条被称为“詹代法则”的行为准则，群体心态受这些规则的制约，如“不要以为你很特别”“不要以为你比我们更好”等。

从本质上说，“詹代法则”不仅反对个人的成功和成就，也阻碍了个人对集体团结的追求，扼杀了雄心壮志，熄灭了个人前进的动力。

因此，一种被称为“瑞典人的嫉妒”的根深蒂固的嫉妒开始浮出水面，指向那些我们认为获得成功的人，当然是根据我们个人对成功的“拉戈姆”式定义。

如果“拉戈姆”是一个体贴入微的兄弟，那么“詹代”就是那个试图把你推回自己位置上的愤世嫉俗的表亲。对外国游客来说，在分享个人成就之后，得到的却是沉默或经过权衡之后的反应，他们往往会很难辨别，在这里发挥作用的到底是“拉戈姆”还是“詹代”。

“詹代”将自己依附在“拉戈姆”之上，使事情变得更为复杂。这就是许多瑞典人拼命想摆脱这种刻板印象的原因。这也是你在国外遇到的瑞典人可能看起来“完全不同”的原因。他们往往会在自己国家之外的群体、人际关系和情境下迅速摆脱“拉戈姆”的影响。此时的“拉戈姆”并非他们各自能达到的“拉戈姆”水平，而是在当前群体环境中所需要的“拉戈姆”水平。这是由于“拉戈姆”更多的负面特质被“詹代”放大了。

但毫无疑问，一旦回到瑞典，这些人又会轻易地回到当地的行为准则之中。

把“拉戈姆”拉回其核心

“拉戈姆”从来不表示“平均”甚至“中立”的意思。

然而，随着时间的推移，这些词汇也悄然进入瑞典人的心灵，与“最优”一道，让那些持有偏见的人越发觉得“拉戈姆”及中庸之道是一种限制。这也造成一些文化上的误解，比如，将“拉戈姆”理解为无聊、懒惰以及超越理性和平庸的政治正确性。

然而，瑞典的现代主义、社会进步、科技实力以及对平等主义的持续追求都在反驳这些误解。

试图在整个社会中广泛运用“拉戈姆”，首先要从个人开始。如果我们希望从别人那里获得“拉戈姆”，那就应该在自己的个人生活中，充分支持和接受“拉戈姆”。

所以，如果我们后退一步，将“拉戈姆”拉回核心，我们就会真正明白，在它最有力的形式中，“拉戈姆”表示的是理想的情境。它试图让我们每个人都感到满意，同时还与群体肩并肩，让我们备感和谐。它试图将我们带到一个情感成熟的地方，在这里，无论我们在各种时刻和互动中如何选择，反应与否，都是对个人和集体来说的最佳选择。

作为指导我们过上最好生活的潜在指南，“拉戈姆”想让我们暂时停下来，照顾好自己的感受和情感。

在一些具体的情况下，比如吃饭和购物时，我们需要的往往比想要的少得多。而涉及我们的感受和情感时，“拉戈姆”认为我们需要的可能会远远超过我们想要的，这是完全没问题的。因为我们需要这样的空间，以更接近让我们最感到舒服的东西，到达我们生活中的和谐之地。

当我们以为自己只需要一点触碰时，可能潜意识里还需要一个拥抱；我们想要一个爱人，但真正需要的不只是和爱人身体上的亲密接触，而是爱人的支持和陪伴；也许在经历一段艰难时期后你想立刻重启工作，但你可能需要的是休息一天来照顾好自己。

我们能感觉的自己的需求也许只是表面，我们要透过这层面纱看到自己真正的需求。充分满足这些根本需求才能充分满足我们的需要，让我们心满意足。这就是“拉戈姆”的目标，也是其核心所在；无论我们在生活中想要的是什么，让我们以平静与满足为最终目标来满足自己的需要。

谈到我们的感受，“拉戈姆”鼓励我们尽情哭，尽情笑。倾听和拥抱我们的情感需求，而不是我们的欲望。在情绪爆发和内化压抑之间，寻到让我们感觉满足的完美地带。而且，更为重要的是，我们应该骄傲地拥有这个空间，不必感到丝毫羞愧。

如果我们在情感上以自我为中心，就能抵抗外部力量施加给我们的压力，带着自信进入不同的群体。我们就会进入一个知足的庇护所，在那里，我们可以在一个群体中安静而舒适地存在，不需要用空洞的话语填满每一段沉默。

情绪自查

EMOTIONAL CHECK

- 也许在这里，对我们来说，最需要学习的就是多听少说。
- 如果我们主导对话并占据空间，就会错过很多机会和细节。并不是说要顺从他人，而是也要给别人展现自己的机会。
- 也许，当我们停下来倾听彼此的时候，我们也能学会更加尊重对方。
- 在谈话中说些显而易见的事，真的有必要吗？何不将这些时间用来讨论更有意义的事呢？
- 我们对他人的嫉妒是否源于这样一个事实：当我们专注于寻找自己的平衡时，看到他人已在接近理想的“拉戈姆”状态？
- 也许，我们应该停止情感匮乏的心态，转向一个充满活力的情感空间。
- 谈到我们的情绪和感觉，我们必须接纳它们，满足内心的需求，而不是为它们感到羞愧。这样才能让我们更接近情感上的满足。

2

食物与节日

FOOD

+

FESTIVITIES

填饱肚子容易，填饱眼睛难。

瑞典谚语

我们人类是追求舒适的生物，而那些爱吃的食物的味道和香气就会让我们备感舒适。

日间我们许多愉快的记忆都聚集在那样的时刻：冲好了一天之中的第一杯咖啡或第一杯茶；咬了第一口新鲜出炉，还冒着香甜气息的肉桂面包；暂停手头的工作，坐下来与同事共进午餐；准备饭菜时，亲人们围坐在餐桌旁，亲热地絮絮叨叨。

吃什么和怎么吃是我们生活方式中很重要的一部分。毫无疑问，“拉戈姆”作为一种生活准则，也会在饮食上得到彰显。

瑞典人是美食爱好者。不是说他们会沉迷于盘子里出现的一切食物，而是会注意到食物对身体和心灵的充分滋养。

当我们和别人一起吃吃喝喝时，“拉戈姆”就出现了。它要求我们适度饮食，当然这并不是束缚或限制，毕竟我们在吃东西时期望能吃好喝好。毕竟，瑞典语还给了我们这个词——“smörgåsbord”，它意为“三明治桌”。它表示广泛的选择和选项，通常是在自助餐的时候。

“拉戈姆”被用来限定和量化我们希望食物呈现的状态：“拉戈姆程度的热”“拉戈姆程度的咸”“拉戈姆程度的大小”。“拉戈姆”能帮助调整食物的量，同时也用适量的调味料给我们提供完美的味道。

在瑞典，“适合”的理念也会通过“拉戈姆”出现在我们的食物之中。让烹饪变得人人可及，但又不会过于简单。不要放太多或太少香料。不要吃得太多或太少。从本质上讲，瑞典的食物是“拉戈姆 ”的缩影。

——玛加丽塔·希尔特·兰德格伦

瑞典美食作家

谈到日常的营养，除了适度，“拉戈姆”还穿着社会意识的外衣，确保我们的个人行为符合更大的集体利益。“拉戈姆”建议我们吃可持续的、合乎伦理的和本地的食物。它希望我们不仅要照顾好自己的胃，还要关照食品供应商，以及他们的生产和提供的产品。

由于在瑞典文化中，不可持续性和威胁到生态的吃法很普遍，于是瑞典的食品运动鼓励人们少吃肉，不吃虎虾。“拉戈姆”促使我们不断地问自己在吃什么，以及做出怎样的选择。它要求我们避免过度，满足需求即可，这样就能避免浪费。因为我们需要的往往比想要的少得多。

“拉戈姆”的节制有时还会体现在对简朴晚餐的赞美中。比如，一顿很棒的晚餐过后，一位年长的瑞典人的精彩点评可能会是：“简直无懈可击。”

一天从不太挑剔开始

许多心理学家建议，我们的一天不妨从某种形式的冥想或独处开始，最好远离现代科技，在艰难的一天开始之前，清空自己的杂念。让我们在为责任和承诺忧心之前，尽量给自己减压。

“拉戈姆”将清晨减压这一概念往前推进了一步。它不仅是指让我们闭上眼睛用几分钟来专注于呼吸，还让我们简化早晨的流程和习惯，以减轻晨间的压力，轻松地出门。所以我们吃什么来开始新的一天就很重要了。

在典型的瑞典式早餐中，可以清楚地看到“拉戈姆”在发挥作用。它不像英式早餐那样的迷你版盛宴。英式早餐里包含煎鸡蛋、酥脆的培根、烤豆、厚厚的香肠和黑布丁。瑞典式早餐，是极简主义的。

我经常说，瑞典的经典早餐模仿了瑞典文化根深蒂固的实用性和分层次的流行设计理念，每一部分都仿如一块积木。这种设计上的斯堪的纳维亚式的模块化方法意味着，每一件物品既能独立存在，也适合放在更大的框架内。“积木”的概念是瑞典品牌“宜家”在世界各地广受欢迎的一个原因。这也是丹麦的“乐高”积木持续地吸引各年龄段的人的原因。这一概念使我们能够用简单的工具来构建符合我们品位的东西。

分层次原则在瑞典早餐中也体现得很明显。瑞典人的早餐有两个组成部分：一是碳水化合物，如脆面包、薄面包或柔软的谷粒面包；二是乳制品，如香草酸奶或发酵牛奶等。

我们以这两个部分为基础来构建瑞典式的早餐。在第一个组成部分，比如面包中，我们在其顶部加上奶酪片、冷切肉、青椒、肝酱、甜莳萝酱、煮鸡蛋等，可以放上能在冰箱里找到的任何东西，只要将其切片或铺开就行。在第二个组成部分，比如说乳制品中，我们在上面加上麦片、谷物、新鲜的浆果即可。

这种早餐的概念让你在早晨不需要做太多的准备，让你可以根据自己的意愿进行增减，基于你想在面包上或碗中加多少层配料。在早餐上，“拉戈姆”体现为这种“少即是多”的方式，专注于满足我们需要的基本营养。同时，在准备好迎接新的一天的时候，帮助我们消除一些压力。

“菲卡”的日常仪式

人们经常开玩笑说，每个到瑞典的新居民，最初学会的三个基本单词是嘿（hej）、谢谢（tack）和菲卡（fika）。

在学会将“拉戈姆”邀请到我们的家中之前，我们学会了一个更为甜蜜的瑞典语单词——“菲卡”。“菲卡”这一社会行为经常被阐述成：“在一天中休息或暂停几次，与朋友、爱人和同事一起喝上几杯咖啡，吃一些肉桂卷或小豆蔻面包之类的糕点。”这种仪式有点像享用各种烤饼和三明治的英式下午茶，但二者之间有一定区别。主要的区别在于，瑞典人“菲卡”的次数要多一些。在瑞典，每天休息三次去“菲卡”一下是很正常的事。

根据国际咖啡组织（ICO）的说法，瑞典是世界上消费咖啡最多的国家之一。可见，“菲卡”的行为在瑞典社会中是一种由来已久的仪式。

然而，我们之所以在一天中有几个这样的时刻，真正的原因并不是为了吃肉桂面包，而是为了以自己为中心，找回与自己的联结。通过与朋友、同事和家人谈心，我们的大脑得到休息，想法和情绪得到平衡。在我们异常忙碌的生活中，这是一个社交的机会，让我们可以后退一步，在享受甜蜜滋味的同时，得到喘息。

“拉戈姆”的对立面是工作过度。在办公桌上的笔记本电脑前吃午餐，等等。通过“拉戈姆”，工作与生

活在瑞典人的心理上达到了平衡。参与“菲卡”，相当于一种重新校准的行为，让我们得以重获平衡与和谐，来继续应对一天中剩下的时间。

“菲卡”的传统牢牢扎根于“拉戈姆”。

“菲卡”是一种精神状态、一种态度，是瑞典文化的重要组成部分。“菲卡”不能在你的办公桌前独自体验，因为它是一种仪式。“菲卡”使大脑恢复精神并加强了人际关系。而且，“菲卡”也有很好的商业意义：那些已经将“菲卡”制度化的公司，往往会拥有更好的团队，并且更有生产力。

——约翰·达克斯伯里
瑞典食品网站（SwedishFood.com）老板

说到咖啡，中等浓度的咖啡在瑞典最受欢迎，因为很多人很难在淡咖啡和浓咖啡中做出选择。以坚守在我们生活中的“拉戈姆”作为引导精神，我们都倾向于中浓度咖啡和“拉戈姆”式调制方法。不太浓，不太淡，恰到好处。在这种情况下，指的就是中间选项。

同样的逻辑也适用于牛奶：半脱脂牛奶一直是超市货架上最受欢迎的选择。这也是为什么瑞典除了有“适度之地”的绰号外，还被戏称为“半脱脂牛奶之地”。

不吃东西，就会死。

瑞典谚语

按你的意愿理性地吃

如果“菲卡”的传统在日常生活中有什么迹象的话，那么就是指瑞典人会吃很多甜食，但都在合理的范围之内。

否则，每天吃几次肉桂面包，很快就会给身体增加多余的重量。瑞典研究所的数据表明，瑞典平均每人每年在糕点上的消耗量相当于 316 个肉桂面包。毫无疑问，瑞典人热爱他们的小面包。然而，经济合作与发展组织（OECD）最新的肥胖症报告显示，英国成年人的患病率为 24.7%，而瑞典只有 11.8%。

除了适度之外，在美食领域里，“拉戈姆”期待我们理性、实际，避免过度消费。“拉戈姆”促使我们去过那种可以切实维持的生活。谈到饮食，“拉戈姆”希望我们有比较实际的饮食习惯，让我们每天都能轻松维持。不会有极端的限制，给我们施加过度压力，以及破坏我们内心的平衡。“拉戈姆”希望我们能以一种不太多也不太少的方式来照顾自己的需求和渴望。它让我们一次去拿一块巧克力，而非一次抓上好几块。

说到糖果，瑞典四口之家平均每周吃 1.2 公斤甜食。对甜食的消耗大部分都发生在周六，于是就有了名为“周六甜食”的传统。这一传统可以追溯到 20 世纪 40 年代，当时瑞典隆德市的维普霍姆（Vipeholm）精神病医院进行了一项实验，给病人吃大量的甜食，故意造成蛀牙。到 1957 年，这项研究结果发现，甜食与蛀牙之间存在直接的因果关系。因此，瑞典医学委员会建议瑞典人每周只吃一次甜食。几十年过去了，瑞典的许多家庭至今仍然坚持这一节制的传统。孩子们已经习惯于接受这种自律，本能地把甜食当作可以偶尔放纵一下的东西，而不是每天都要吃的东西。

回归简单

过去十年里，北欧美食一直都非常流行，被冠以“新北欧运动”的称号，吸引人们将目光聚焦在来自北欧的新鲜食材之上，其中就包括瑞典的厨房。随着它以咖啡馆、餐馆和其他美食体验的形式在世界范围内进行传播，推广了北欧烹饪的简单奇迹。2004 年，人们甚至构想出一份宣言来指导这一运动。这种烹饪思路始终抵制过度饮食，主张让我们重新回归食物的自然味道，回归到当季的、健康的、可持续的高质量的食物之中。

提到新北欧饮食，人们自然会想到寻找野生蘑菇，从北极寒带森林采摘野生云莓和越橘。对普通人来说，这不仅意味着与食物的来源重建联系，也意思着吃的食物更接近它的原产地。这也意味着解构我们的复杂膳食，让我们充分品味和欣赏每一种独立的风味。

每当讨论到“少即是多”的生活方式时，就是时候提到“拉戈姆”了。

对瑞典人来说，按上述原则来吃当然不是什么新鲜事。当然这种饮食运动现在已经蔓延到了全世界。每当夏天和秋天如期而至，可以看到许多瑞典人在全国各地的森林里采摘蘑菇。

如同番茄酱在英国是必备调料一样，对瑞典菜肴来说，越橘酱是必不可少的。越橘酱被用作各种菜肴的调料，从肉丸、薄煎饼到麦片粥和黑布丁，但从来不会被涂在面包上当果酱。许多瑞典人仍然会在应季时，从森林中采摘酸酸甜甜的浆果，自己制作果酱。

新北欧厨房宣言

THE NEW NORDIC KITCHEN MANIFESTO

- 表达纯净、新鲜、简单，以及我们希望与所在地区联结的伦理观。
- 在我们的饮食中，反映四季的变化。
- 基于最能反映本地气候、水土的食材和原料进行烹饪。
- 将对美味的需求与健康的现代知识结合起来。
- 推广北欧的产品和北欧生产者的多样性，并传播其背后的文化。
- 在推广出自本地海洋、农场和野生环境的食物时，推广动物福利和健全的生产过程。
- 开发传统北欧食品的新应用。
- 将最佳的北欧烹饪方法和烹饪传统与国外的烹饪方法相结合。
- 将本地自给自足与区域共享优质产品相结合。
- 与消费者代表、大厨、不同行业的从业者、研究人员、政治家和当局合作，为北欧国家的利益和优势服务。

资料来源：北欧合作理事会（www.norden.org）

自由地亲近大自然是由政府推动的一项倡议，“公共通行权”（每个人的权利）允许我们在任何没有张贴“禁止进入”之地自由漫游，自由地享受户外活动。在任何我们想要休憩的地方露营，采摘我们想吃的一切食物，在任何我们想要休息的地方休息放松。

瑞典人也因此培养了可持续的心态。我们从后院采摘食材，从当地获取调料，通过“公共通行权”，每个人都有公正、平等的机会获得食物和资源。

要真正品尝到食物的原味，我们需要剥开它，将其裸露出来。在缓慢熏制的鲑鱼，黄色的杏仁土豆，甜味浓烈的芥末，或是在野味肉丸和甜越橘的完美结合中，品尝到纯正的品质。

瑞典人也有自己的灵魂食物，给他们带来安慰。瑞典乡村风格的烹饪被称为“房主的食物”。几个世纪以来，瑞典一直是一个工人阶级的农业国家，人们的食物主要集中在可以从田野里获取的淀粉、在森林里捕获的野味、从北极和波罗的海里捕获的海鲜，以及在亚北极森林中生长的当地草本植物。

简单而便宜的“家庭烹饪”在20世纪早期就进入了

酒馆，一直持续到现在。

就像从小时候起就包裹我们的温暖毯子一样，瑞典人在不断变化的美食图景中保持着传统的菜肴。瑞典有许多高品质的产品，如越橘，这是一种储存时间长、变化花样多的食品，能够不断满足各种菜肴的需要。

又比如，在大多数瑞典家庭里，你都能找到一种叫“薄脆”（knäckebröd）的脆饼。它在瑞典已拥有500多年的烘焙历史，是瑞典食品储藏室里最全能的食物之一，

如果保存得当，一年都不会变质。早餐我们可以在脆饼上加上煮鸡蛋切片，午餐加上火腿和奶酪；或者晚餐时，用纯黄油作为配菜。这种基本的主食不仅实用，而且功能多样。它也是“拉戈姆”在食物方面的一个缩影。

在瑞典的厨房里，只有简单，没有烦琐。在任何一场由烦琐败北的比赛中，都会有“拉戈姆”坐在场边，为简单欢呼。

人人可及的质量

随着新北欧运动的推广，高档餐厅和米其林星级餐厅也随之兴起。这些餐厅迎合了全球的好奇的美食家，他们竞相争夺餐桌上的席位。这样的大餐包含精心挑选的浆果和蘑菇、时令蔬菜和生态海鲜，以及大厨们自己捕获的猎物。

虽然，这可能意味着我们中只有那些负担得起这种奢侈的人才能得到邀请，而且感觉背离了瑞典所崇尚的人人可及和人人平等的理想，然而，你可能会惊讶地发现，“拉戈姆”又一次在这种高端的奢侈中找到了一席之地。

在精致用餐体验的风潮中，我们也见证了“后袋”（bakfickor）的兴起。这些经济实惠的餐厅和小酒馆是米其林星级餐厅的姐妹餐厅，由同样的大厨经营。这些餐馆背后的理念是，不需要特别的餐桌预订，就可以为你我提供物有所值的高品质食物。这也意味着，我们可以用更优惠的价格，享受到同等品质的食物，只是分量不同而已。

在这里，“拉戈姆”以社会意识和公平的形态呈现出来，旨在确保我们没有人感觉被忽视。如果有被剥夺享受高品质食物的机会，往往会滋生享受不到的怨恨，进而加剧我们对生活的不满。

以开放性和可及性为基础的饮食文化减少了我们内心过度消费和囤积的需求，因为瑞典人都知道，他们可以在需要的时候获得所需。

就瑞典的地理位置而言，做到这一点本身就是一种奢侈。然而，这种饮食文化的目标是让“拉戈姆”留在瑞典的烹饪方式中，保持“在需要的时候吃需要的东西”那种毫无障碍的感觉。

盛宴和重复使用的艺术

在瑞典人给我们“拉戈姆”之前，也给了我们“瑞典自助餐”（ smörgåsbord ）。

它指的是一种自助餐式的冷热菜式组合。在日常英语中，我们经常用这个词表示各种不同食物的混合。例如，“自助餐”式的特色，或者“自助餐”式的活动。在 16 世纪，一个小型的自助餐——供应杜松子酒和开胃小菜——会被上流社会作为晚餐前的开胃菜。

到了 17 世纪，自助餐食物的种类扩展到了更大的范围，包括鲑鱼、腌肉和香肠。到了 20 世纪初，典型的“自助餐”已经进入餐馆为大众服务，为普通人提供曾经只为富人提供的美食服务。

在 16 世纪，只有瑞典的上层人士和贵族才能享受

到小龙虾派对。而现在，每年的 8 月和 9 月初，全国人民都在享用这些美味的小甲壳类动物。随着时间的推移，特权阶级已经被推倒，小龙虾派对这一传统已经进入社会的各个阶层。

今天，瑞典的“自助餐”（smörgåsbord）——通常被简写为 bord——是我们庆祝每一个重大节日的基础盛宴。从复活节开始，到仲夏，最后以圣诞节结束。

在这些不同类型的季节盛宴中，构成“自助餐”的主要食物——肉丸、腌三文鱼、腌鲱鱼、土豆，以及“迷你香肠”等——大部分都是相同的。这些食物如同建筑的积木，通过餐盘外围的食物，如魔鬼蛋（复活节）、草莓（仲夏）和熟火腿（圣诞节），让外国人得以知道正在享用的是哪个季节的“自助餐”。还有一种小小的、甜甜的、像啤酒一样的苏打水（必备），每一季都要对其重新命名——比如，将其称为复活节必备或圣诞必备。

这种不介意重复使用和分层次的方法已经在我们的庆祝和盛宴中发挥了作用。我们根据个人的喜好建立和扩展自己的“自助餐”。甚至于“自助餐”中构建餐食的方式和排列顺序，也是一种对“拉戈姆”精神的实践。对节奏的把握是一门重要的艺术，很容易就能识别出餐桌上没有经验的人，因为他们甚至没有想到还有热菜或甜点，就已经在盘里装满了冷菜。

瑞典人还有一种蛋糕，它在不同的场合会以不同形式呈现。这种名为“公主蛋糕”（prinsesstårta）的蛋糕是一种黄色的多层海绵蛋糕，中间夹有果酱和香草奶油，密封在一层彩色杏仁蛋白糖衣里，顶端再饰以明亮的粉色糖玫瑰。这种蛋糕是由 20 世纪的美食作家和家庭教师珍妮·阿肯斯姆首创的，她曾是小卡尔王子的女儿们的老师，于是才有了这样的名字——公主蛋糕。

公主蛋糕的经典版本是绿色的，但今天，人们将其制成不同的颜色，用来庆祝人生中的各种重要时刻——比如，复活节用黄色，洗礼派对用粉色和蓝色，还有婚礼上的“白色女士”，外面是白色的杏仁糖衣，里面用巧克力慕斯填充。

一旦我们开始以较少的选择取代不必要、昂贵的选择，不但能减少浪费和不必要的压力，还有助于我们集中精力提高真正所需物品的质量。

如果我们选择的东西要能持续、充分、重复地满足我们的需求，那么，我们就不会勉强接受低标准。

精神食粮

FOOD FOR THOUGHT

- 我们可以开始重新评估每天围绕早餐做些什么，并找出在上班前减压的小方法。

- 不断地问自己吃了什么，为什么做出如此选择，可以帮助我们减少不必要的消费。

- 在日间可以多休息几段时间，尽情享受“菲卡”的传统。即使是五分钟的休息，也能帮助我们清醒头脑，重新与自己建立联结。

- 我们是否应该有意识地开始让办公桌午餐成为过去？不管一个项目看起来有多么紧迫，我们都应该把身体的营养放在第一位。

- 在你的下一餐中，试着不要加调料。这样一来，你就能尽享食物的自然风味。

- 回顾新北欧厨房宣言，寻找将其应用到自己生活中的方法。这可能意味着去参观当地的农贸市场，了解可以在后院种植的作物，以及找出支持这些当地企业的方法。

- 也许，是时候让自己在理性和适度的范围内吃任何想吃的东西了。说起来容易做起来难。但“拉戈姆”就是要我们生活和谐，让我们有可持续的更为现实的饮食习惯。

- 较少的选择让我们更能专注于提高食品质量。

3

健康与幸福

HEALTH
+
WELLBEING

再深的水井都会枯竭。

瑞典谚语

人们常说，照顾我们所爱之人最好的方式就是先爱自己，照顾好自己。这就意味着要与自己的身体协调一致，首先解决自己的需求，优先考虑自身的幸福。

在这个领域内运行的“拉戈姆”意味着和谐与平衡。作为不言而喻的向导，“拉戈姆”指引我们走进生活中的完美空间——在心灵、身体和精神上都无比健康。

“拉戈姆”希望我们的大脑能够得到充足的休息，为了身体的健康进行有规律的锻炼，有足够的独处时间来滋养灵魂。更为重要的是，“拉戈姆”希望我们以既不过度也不懈怠的方式来做这些事，将它们变成从逻辑和现实上可以保持的习惯。

最重要的是，“拉戈姆”希望我们深入地进行自我评估，认真问自己一个问题：对我来说怎么样才叫过得幸福？

为了过上和谐的生活，我们需要让自己更接近这个问题的答案。

幸福始于一个简单的问题：我要做什么才能感到充实和平衡？问这个问题会改变我们的视角。我们允许自己去探索自己的真正所需，并评估什么才是有意义的。

——玛丽·J. 克莱兹博士
明尼苏达大学精神与康复中心创始人兼主任

减少外部压力因素

通常，我们美好的生活图景会被无法掌控的外部力量所打乱。我们的工作状况和个人承诺可能会妨碍我们获得足够的休息和放松。

减少这些压力因素可以提升我们的整体幸福，而这种改善会直接影响整体生活质量。这就是为什么瑞典政府多年来一直在帮助公民减轻身上的外部压力因素。

根据联合国2030年可持续发展议程，瑞典在消灭贫穷和饥饿之后的第三个目标就是关注健康和幸福。

良好的健康状况是人们充分发挥潜能和促进社会发展的根本。对健康进行投资，例如投资医疗保健系统，就是对整个社会发展的再投资。

——瑞典政府办公室

这就意味着，要确保每个居住在瑞典的公民都有机会过上最健康的生活，政府也将其视为公民幸福的基本权利。

为了达到上述目标，瑞典采取的方法是：提供能享受大量补贴的医疗和牙科保健（儿童和青少年免费），以及人们负担得起的营养食品、纯净水、空气和自然资源，以干净的环境让人们感到舒适和满足。

除此之外，瑞典人还花费大量的时间来不懈地追求健康的工作和生活平衡。员工都有至少5周的假期。父母的带薪育儿假为每个孩子480天(大约1年零3个月)。现在想象一下，如果养育多个小孩，把孩子的数目乘以480，你就会明白父母们不用上班的时间有长了。

在瑞典，至少有18个公共假日和klämdagar（介于公共假日和周末之间的日子），一些人也能在这些日子休假。在klämdagar期间，许多企业会减少工作时间。此外你还能享受补偿休假,比如一个叫“关爱儿童”(VAB)的临时性的父母福利，用来照顾生病的孩子。

虽然这些休息时间被许多人视为奢侈，却受到了税收制度的大力补贴。在这一税收体制下，每个人都要支付公平的份额。因此，每个人都能享有这些基本权利。

经合组织美好生活指数（OECD Better Life Index）显示，居住在瑞典的公民中，81% 的人健康状况良好，远远高于经合组织 69% 的平均水平。瑞典政府为我们提供了部分解决方案，人们自己想出了其他办法，来促使我们更接近最佳的健康状况。

担心不能获得足够的医疗保健和休假时间等外部压力一旦大大减少，我们就会获得精神和情感上的自由，从而把精力集中在个人的幸福之上，达到身心平衡。

马斯洛需求层次理论

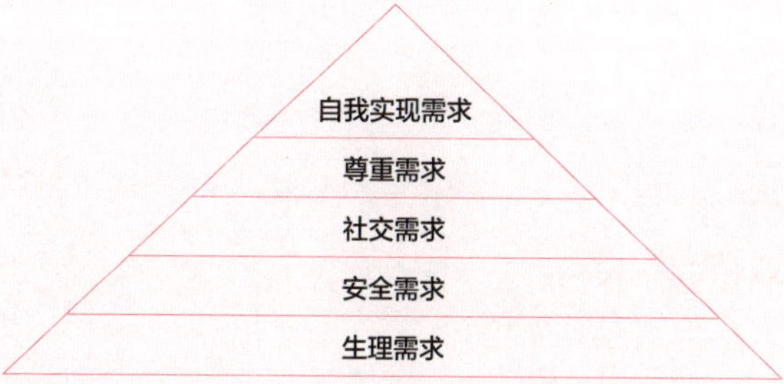

自我实现需求
尊重需求
社交需求
安全需求
生理需求

这是由美国心理学家亚伯拉罕·哈罗德·马斯洛提出的理论，被称为“马斯洛需求层次理论”，阐释了人类的内在需求是如何被激活的。

以下是该理论的摘要：

生理需求

基本的生理需求，如空气、食物、水和恒温。

安全需求

一旦满足了所有生理需求，就会激活安全需求，如住房和工作保障。

社交需求

一旦安全需求和生理需求得到满足，就触发了对给予爱、接受爱和关怀的需要，以对抗孤独之感。

尊重需求

一旦我们满足了朝向金字塔的需求，对自尊的需求以及得到别人认可和尊重的需求也会被激发。一旦得到满足，就建立了个人的自信心和价值感。

自我实现需求

一旦人生的其他需求都得到满足，就会激发人的内在需求：想要活出真实的自我，与世界分享才华，并且能够充分展现自我。

休闲的艺术

如果说瑞典人都精通一件事，那就是照顾自己的艺术。毕竟，瑞典人的确在无意中激发了西方的术语“瑞典按摩”。这不仅意味着瑞典人每天在“菲卡”时间吃肉桂面包却能保持身材，也指他们通过放松来照顾自己的心灵和精神。

在休息和恢复活力方面，“拉戈姆”总是在对我们提出质疑，并试图让我们回到核心。“拉戈姆”旨在让我们保持自己的核心平衡。“拉戈姆”告诉我们，要不时停下来检视一下自己的健康状况。如果某件事让你感觉不舒服，那就努力去解决它。不管这是否意味着积极主动地解决它，以减少压力点，降低血压或者减少我们承担的责任。

放松意味着净化我们的心灵，为我们的身体排出毒素。可能是一个五分钟的晨间仪式，或是每隔一个月独自过一次周末。但是，有意识地让自己“离线”的目的在于放慢脚步，倾听我们的身体和心灵，解决它们需要我们做的任何事。

因为瑞典人潜意识里以“拉戈姆”为指导精神，尽可能多地休息，所以瑞典在过去几百年里产生了许多令人放松的传统。从浴室、水疗中心、桑拿疗法和草药治疗，到闻名世界的瑞典按摩。

瑞典按摩在19世纪得到发展，通常被认为是体操运动员佩尔·亨里克·林格的功劳。佩尔在19世纪中期将按摩的概念引入西方，当时被称为瑞典运动疗法。这种全身按摩使用多种技术，如长划、伸展和揉捏，以改善血液循环，放松组织和肌肉，以及清除体内的毒素。

谈到照顾我们自己，“拉戈姆”希望我们为自己的幸福变得自私一点。

也就是说，既然“拉戈姆”首先重视的是需求而不是欲望，它希望确保我们首先能充分满足身体和情感健康的需要。

通常，我们的欲望可能是半透明的盖子，掩盖了我们真正的需求。我们每个人的幸福之路都是独一无二的，要求我们明白自己在生活中处于什么阶段，以及我们在不同阶段的需求。

通过穿透这个盖子以及解决这些核心需求，我们可以心满意足地生活得更健康、更有活力、更加平衡。

我们的福利制度（瑞典模式）的保障使我们可以放松，更多地关注自己，关注自己的幸福和自我实现（符合马斯洛的需求层次理论）。

——卡琳·韦曼博士

哈尔姆斯塔德大学运动心理学讲师

保护私人空间

瑞典有 97% 的土地无人居住，结果就是每平方公里有 20 多人居住。也难怪瑞典人喜欢分散开来。夏季，许多人躲在不同的群岛上一连待上好几周。在公共交通工具和公共场所里，人们之间保持足够的“拉戈姆”距离。这通常意味着，如果有人坐到你旁边，那一定是所有的地方都已被占用。外国人不要觉得这种对距离的介意是针对他们；瑞典人只是非常喜欢和在意他们的空间。

“拉戈姆”在这里发挥了很大的作用，以恰当的社会行为和正念的形式。在这里，我们需要衡量给他人带来了多少不便。反之，别人也会这样做。

与瑞典人克制的沉默密码相似，瑞典人也很自私地守护着自己的个人空间。这一空间通常被视为个人的心理健康气泡。任何试图闯入这一空间或影响到个人舒适范围的行为都会增加瑞典人的压力。

“拉戈姆”不惜一切代价来对抗过度的压力。

它希望我们优先实现自己的“拉戈姆”理想，包括改变和修整我们的环境以及周围的空间，以确保自己感到舒适，但这其中没有不尊重对方的意思。

诚实地拒绝比虚伪地应承要好得多。

瑞典谚语

说“不”的力量

事关承担额外责任时，瑞典人是非常直接的，他们会立刻让你知道他们做不做得了这件事。瑞典人不会拐弯抹角、摇摆不定或感到内疚，尤其是在工作上。

部分原因在于瑞典语是一门非常直接的语言，倾向于快速达到目的，而不是用不相干的词语浪费时间。例如，“我正在走向那里”这句话，瑞典语用“Jag går”来表达。翻译过来的意思是“我去那里”。简洁明了。

这种语言上的自然坦率，加上“拉戈姆”暗含的适度态度，意味着瑞典人会以一种简单直率的方式进行交流。这种方式可能会给外人造成粗鲁或冷漠的印象。

这也意味着，与瑞典人就某一个话题或情况分享意见时，他们会非常诚实地表达自己的看法——例如，你穿着这件衣服看上去怎么样。得到赞美实属不易，因为“拉戈姆”和表亲“詹代”一起，想要用行动发声。

我们给自己施加的压力往往来自做出太多的承诺。我们很难对朋友、家人和同事说“不”。我们经常把拒绝接受任务视为拒绝对方这个人，而非拒绝对方提出的让你不便的请求。对方也会打出内疚牌，把我们的拒绝视为对他们怀有恶意。

但对一个在“拉戈姆”氛围中长大的瑞典人来说，“不”往往不带任何个人立场。这有助于管理期待和释放我们的情绪，这样我们就可以沿着自己的“拉戈姆”轨道继续前行。

日常锻炼与积极的习惯

假如一个瑞典人邀请你以“拉戈姆”的步调一起去慢跑，那你得花点时间考虑一下，最好要求他具体说清楚。因为我们现在已经知道，对每个人来说，“拉戈姆”的标准不尽相同。

对你来说是悠闲的步伐，对我来说可能是极快的速度。

在运动领域，“拉戈姆”可能想表现出“恰到好处”。因为只做了恰当的事，甚至有可能被定义为懒惰。然而事实恰恰相反。只有从逻辑上可以维持的习惯和惯例，我们才能坚持下来。并且，“拉戈姆”希望我们能过上完全可持续的生活。

这就意味着，我们可以在不用大幅改变生活现状的情况下保持正常的锻炼。我们将积极的运动习惯无缝地融入生活方式之中，这样一来，就不会觉得是苦役了。对普通瑞典人来说，这可能意味着每天骑自行车上班，而非下班后去健身房锻炼。

由于从小就与自然有着亲密的关系（我们将在后文中进一步探讨），瑞典人已经完全接受了户外生活

（friluftsliv）的概念，将其当作整体幸福的一部分。这一原则可直译为“开放或自由的生活”。再加上“公共通行权”让我们可以自由地接触大自然，我们更喜欢在户外运动。

这可能意味着，在冬季进行越野滑雪，而非在健身房里使用滑雪机；以自行车为交通工具，而非参加动感单车课程。度假时，瑞典人自然会倾向于选择活动量较大的假期，以确保户外活动的时间足够长。

根据瑞典体育联合会的统计，7 岁至 70 岁之间的瑞典居民，有 340 万人是体育俱乐部的成员，有 45% 的人每周至少锻炼三次，而且有 240 万人定期参加比赛。

许多瑞典人承认，运动和体育锻炼对身体有益。我们有着悠久的运动和户外生活的传统，我们珍视与自然的亲近，有着“健康的心灵—健康的身体”这样的信念。

——卡琳·韦曼博士

哈尔姆斯塔德大学运动心理学讲师

考虑到瑞典的人口数量约为1000万，那么上述数字的确令人印象深刻。这些数字表明，瑞典社会是在“拉戈姆”的原则上运行的。在这里，日常锻炼被视为一种好的生活方式，而不是新奇的事物、烦人的琐事或十足的痛苦。

“写得好，说得好，可是却活得不好，那就是单纯的虚荣。”

瑞典圣女布里吉特（1303—1373）

健康的讨论

“拉戈姆”的简朴可以让我们描绘出瑞典人的保守形象。但是，瑞典人的信仰和公共行为并非老式的或驯服的。瑞典人的保守体现在，如果没有确凿的理由，他们就不会公开表达，但他们并不是没有自己的观点。

“拉戈姆”鼓励我们满足自己作为人的基本需求，这样会让我们对生活感到满意，进而让我们在谈论到一些非常自然的话题，比如性甚至卫生习惯时，抱持一种开放和宽容的态度。而其他文化可能会认为这样是不合适的。

在讨论性和身体功能方面，瑞典人有一种坦率的态度。在对待裸体的态度上比其他许多社会都要自然。那些被视为自然的和固有的事物，在瑞典通常是公开进行讨论的。而那些比较肤浅的话题，比如个人收入，以及让人不舒服的社会议题，如移民和融合等，瑞典人通常避而不谈。这种态度可以被视为消极，因为在涉及一个社会中需要进行的极其重要的对话时，“拉戈姆”天然就倾向于避免冲突和不适。

传统文化会带给你压力，让你觉得不宜谈论那些对你来说至关重要的话题，“拉戈姆”会让你获得释放。“拉戈姆”认为，事关如何过上你的理想生活时，不必害羞地掩藏，不必道歉，更不用不好意思。

自我保健

SELF CARE

- 持续的联系妨碍了我们过上更为平衡的生活。所以，也许是时候安排一次数字排毒了吧？

- 学会多说“不”。我们经常被拖入不必要的任务中，浪费了宝贵的时间。在回应一个响亮的“是”之前，我们需要后退一步，好好评估这个请求，以便剔除不相干的工作。

- 问一问自己这个问题：活得好对你来说意味着什么？是指需要经常锻炼吗？还是要有足够的独处时间？或者是要进行冥想？写下你自己的清单。

- 制定你可以切实坚持的可衡量的目标。如果你没有经常跑步，为什么要报名参加马拉松，何不从在附近慢跑 1 公里开始呢？

- 一点点地建立日常习惯。惯例的建立在于坚持，而非持续时间的长短。保持平衡的关键是建立一种能够长期持续的生活方式。

- 通过适当充分的休息，学着倾听自己的身体和心灵。

- 对自己要有同情心。失败没有关系，重要的是一旦你准备好了，就站起来重新开始。而只有你自己才知道你什么时候准备好了。

- 我们越公开谈论性等自然话题，整个社会需要偷偷摸摸、遮遮掩掩的事就越少。

4

美丽与时尚

BEAUTY

+

FASHION

没有糟糕的天气，只有糟糕的衣服。

瑞典谚语

美是见仁见智的。在我们的穿衣打扮和妆容上，“拉戈姆”一再提醒我们“少即是多”。

“拉戈姆”选择的是一种更微妙、更自然的审美，而不是引人注目的形象。因为“拉戈姆”反对极端行为，它鼓励我们做出符合逻辑且实际的选择。它希望我们了解自己定期投资的产品和服装。

在穿衣或化妆上，我们有着截然不同的品位。有些人比其他人大胆，喜欢画比别人更浓的妆；喜欢穿剪裁讲究的西装，而非休闲服；喜欢高跟鞋，而非平底鞋。“拉戈姆”不会试图改变我们的个性，也不会把我们推向我们认为的“平庸”。

相反，它希望我们找到可以切实维持的形象定位，希望我们花费不多，就能选到充分满足我们对美丽和时尚需求的多功能又耐用的产品。

瑞典女人喜欢化妆，但并不是那种浓妆艳抹。相反，她们的妆容很低调。通常是通过化妆来巧妙地提升个人的特色，而不是把自己变成完全不同的另一个人。瑞典人认为，美是低调的，加上“詹代”的一些潜在影响，作为个人，我们并不喜欢那种自己优于别人的感觉。

尽管外人可能会认为，不能充分地展示和拥有自己的美丽有损自尊。但相反，“拉戈姆”希望全世界都能看到并欣赏你的自然美，而不是用厚重的妆容遮挡住它。

瑞典人对美的追求是非常极简主义的。在忙碌的日常生活中，每样东西都要能切实发挥作用。由内而外照顾好自己的身体，与用好的美容产品照顾好自己的脸一样重要。假如你可以轻松地在手提包里找到快速润饰肤色的东西，那么你就是个人生赢家。

——林恩·布隆贝里

化妆师、北欧美容顾问

韩国有一个美容品牌就叫“拉戈姆”。它的标语“不太少，不太多”抓住了“少即是多”的理念，它的业务建立在一个简单的日常护肤程序框架下，产品的包装也非常简单。

英国也有一个名为“拉戈姆” 的时尚品牌，旨在以毫不费力的风格诠释“拉戈姆”。要想做到看似随意，其实要花很多钱。那条蓝色的牛仔裤和米黄色的羊绒衫看起来很旧，实际上可能是花了一大笔钱买的，而且可能是前一天才到的新货。因此，不要过于与众不同，吸引所有眼球，这可能反而造成我们的不适。但也不能蓬头垢面，而是要低调地时髦。

“拉戈姆”试图缩小我们的选择范围，以简化我们的生活并创造一些平衡。太多的选择可能会适得其反。

英国 *Red* 杂志里有一篇文章要求我们清理衣柜。作家艾米 · 戴维森敦促我们整理已经一年多都没有穿的衣服，因为，假如在过去的一年中你都没有穿过这件衣服，那么很有可能在接下来的一年里你也不会再穿它。

准备和实用性

正如北欧古谚所说，没有糟糕的天气，只有糟糕的衣服。

意思就是说我们得有所准备，在衣服上重视实用性胜于美观。由于气候和所处的地理位置，瑞典人在寒冷严酷的严冬和它带来的漫长黑暗中长大。每年至少有5个月的时间，瑞典人都要穿着几层衣服，这样从温暖舒适的室内到寒冷的室外时，就可以方便地穿脱。这也意味着，每年至少有5个月的时间，我们需要穿平底靴之类实用的鞋子，以免在结冰的路面上滑倒。

变化多端、富有挑战性的天气在很多方面都影响了瑞典文化的时尚感。它要求我们有所准备，让服装多为可以进行混合和搭配的多层次的样式。

因此，我们先要买能满足我们需求的结实的衣服，以对抗自然的严寒。毕竟，冬天的服装比较贵，经常置装的话钱包很容易变瘪。

> 瑞典的冬天很长，夏天很短。瑞典人在冬天穿着舒适温暖的衣服，在夏天则尽可能少穿衣服来迎接太阳。
>
> ——菲利普·沃克安达博士
> 隆德大学时尚研究系助理教授

也就是说，对我们经常要重复使用的物品来说，质量是至关重要的。因此，瑞典的时尚感讲究实用品质，这也正是许多人愿意为之买单的原因。我们倾向于选择简单优质的产品、面料上乘又做工精良，而非尽量多地占有。

“拉戈姆”说，你的衣服必须在很长一段时间内满足你的基本需求。所以，要投资你买得起的最好品质的衣服。

范思哲的多功能性

作为一个小国家，我们的时尚产业却出人意料地强劲。而且，有些品牌发展得很好，已经赢得了国际声誉，如H&M、Acne Studios和Our Legacy等品牌。

——菲利普·沃克安达博士
隆德大学时尚研究系助理教授

虽然你可能对高端设计师品牌有所贡献，但其实这里的时尚简单、轻松、休闲随意。每年冬天举办的斯德哥尔摩时装周都会全面展示低调的瑞典风格：干净简洁的线条和层次分明的外观。

即使是在正式的商务场合，牛仔裤搭配一件长袖衬衫或是一件毛衣也完全可以作为职业办公室的着装。当然，除非你是与那些习惯于穿西装、打领带的外国客户见面，或者与股东或投资者一起参加董事会议。

即便如此，瑞典人还是倾向于选择多功能的服装，可以对服装进行混合、搭配和重复使用。一件长袖的黑色衬衫，只要配上一条项链，就可以从职业装变成下班后的休闲服；一件针织连衣裙，只要加上一条腰带，就可以切换风格。

可是，这并不意味着瑞典人总是穿着单一色调的衣

服。瑞典人对时尚的态度是开放的，而且经常被视为时尚的先行者。从蓄着胡须的大胡子到梳着背头、干净整洁的都市人，从大胆的印花图案到五彩缤纷的图案，个人风格对瑞典人来说是必不可少的。

但是，着装考虑方便的话，就会更容易穿得和别人相似。对大多数人来说，要具有个人风格是比较困难的。因为在“拉戈姆”的背后，“詹代”不希望你太过突出。人们之所以穿着会随大溜，是因为不想以让人不快的方式引人注目。

所以，你会发现成群的“个体”有着相似的外貌。瑞典人的意识中始终保持着公平和可及性，这也是瑞典的时尚品牌“H&M”在世界各地大受欢迎的原因之一。该品牌的宗旨就是要让我们看到一个简单的、多功能的、混搭的以及买得起的瑞典时尚世界。

谈到我们的服装范围，“拉戈姆”想让我们务实地挑选一件有多种用途的物品，而不是一次性的新奇物件。毫无疑问，新奇的物件只会经年累月地在我们的衣橱里蒙尘。

OUTFITTERS
URBAN
OUTFITTERS

回收时装

在瑞典，时尚的可持续性问题已经日益成为主流。有一种意识正在影响我们谈论时尚的方式，那就是，我们如何了解自己不只是消费者，还是公民和人类。

——菲利普·沃克安达博士
隆德大学时尚研究系助理教授

因为瑞典人需要耐用性来持续满足需求，所以，生产服装时会投资高质量的面料和材料。此外，这是一个建立在重复利用、可回收和可持续性基础之上的文化，难怪这个国家的很多地方会散布着大量的古着店和二手商店。更有趣的是，社会各阶层的人们都会经常光顾这些店铺。

南马尔姆是 17 世纪的贫民区，现在成了斯德哥尔摩的一个非常前卫的区域。可以说，这里每个街区的古着店的数量比城里任何其他地方都要多。即使是在奥斯特马尔姆这个光彩夺目的高档地区，也有着相当多的古着店。

贯彻“拉戈姆”的生活方式让人们总会选择质量而不是数量，即使在二手商店里，也能找到质量上乘的物品。

全力以赴

BEST FOOT FORWARD

- 是时候简化一下我们的美容习惯了。也许，引入“不化妆”的日子可以让我们的皮肤休息一下。

- 适当的补水是你能给自己的最好的皮肤护理方案之一，所以，要确保自己每天喝足够的水。

- 花点时间清理你的衣柜。你真的需要五件相似的黑色蕾丝连衣裙或白衬衫吗？如果你至少一年没穿过这件衣服，也许是时候将它卖掉或者捐赠掉了。

- 优柔寡断往往是由于我们有太多的选择。也许在服装和美容产品上减少选择可以缓解这一问题。

- 下次去购物的时候，你可以做一个有趣的练习。看着架子上的某件物品，想象一下它可以有多少种穿法，可以搭配多少配饰。如果你能想出五种不同的搭配，你可能就会想把它从架子上拿下来，将它带回家。

- 你会考虑去古着店或二手商店购物吗？许多在里面转售的商品都是由耐用、高质量的材料制成的，所以这些商品才能持续存在几十年。

5

装潢与设计

DECOR
+
DESIGN

远行固然好，但家才是最棒的。

瑞典谚语

我们天生就想要探索世界，憧憬去最远的地方旅行。然而，这种向往却被我们对安全感的需求，以及我们对自己熟悉的小窝的眷恋冲淡了。这种本能意味着我们会在自己的住所里寻求舒适，在再次出发之前，我们退守到这些庇护所中。

千禧新一代创造了数字游牧民，他们从一个地方迁徙到另一个地方，在世界各地探索和建造临时家园。但是，无论我们建造的巢穴多么短暂或多么长久，最基本的人类事实仍然是，我们都需要一个住所。如果负担得起，我们就会用室内装潢和设计来装点居所，以符合我们的品位。

我们创建的家园，反映出我们是什么样的人。

有一件事可以肯定，瑞典带给世界的不只是音乐天才、黑色电影和结实坚固的旅行车，还有设计和装饰方面简约的北欧风格。这些耐用、高品质的物品泰然自若地应对四季的变化，不论摆在哪里，看起来都很时髦。

“瑞典式的优雅”是一个世纪前英国人对瑞典经典设计的描述。比我们的北欧邻居更优雅，但也不像那个时代的欧洲设计那般单调乏味。而且，随着时间的推移，“瑞典式的优雅”仍然屹立不倒。

——克莱松·卡尔维斯托·卢恩

瑞典建筑合伙人

在家中创造和谐

因为“拉戈姆”的最终目的是希望我们找到自己的平衡并且生活得幸福，它试图在我们周围消除一些压力因素，营造平静和安宁的氛围。

说到装饰我们的家，“拉戈姆”将我们推向了那些会让我们感到幸福或是能够带来某种快乐的情感物件和审美元素。也许是你带回家的木象，那件你从泰国买回来的便宜纪念品；也可能是你好几个月省吃俭用才买回家的古董扶手椅。

“拉戈姆”希望我们避免杂乱，在物品的实用性与情感价值之间取得平衡，进而让家变得和谐。假如一件物品能够同时满足功能上的和情感上的价值，那就最好不过。这两大类（实用性物品和情感性物品）之外的东西都可以被视为不必要的多余之物。

> 把旧的和新的混合起来，把不同的家具风格、颜色和图案组合在一起，没什么不好。你喜欢的东西会自动融合成令人放松的统一体。
>
> ——约瑟夫·弗兰克
>
> 19 世纪瑞典 - 奥地利建筑师和设计师

“拉戈姆”希望我们的物品要么有实际的用处，要么能够带给我们快乐。“拉戈姆”的终极目标是营造一个让我们快乐的温馨之地，让我们一踏进家门，就能立刻平静下来。那些能唤起特殊归属感的气味，能将自然气息带入住所的植物，从最喜欢的色彩中挑选出的颜色组合，以及装饰墙壁和架子的照片和饰品，能带给我们和谐的幸福感。

这种创造和谐的概念超越了瑞典人的生活方式。道家的“风水”概念在中国有着深厚的渊源，其目的在于让我们与环境相互协调。从“风水”的角度来说，存在一种无形的力量，把我们所有人联系在一起，而这些力量需要不受干扰地自由移动和流动。我们可以把这种观念应用于房屋的建造和设计中，以确保这种自由的流动。

尽管瑞典人的设计并没有什么思想或理论为基础，但它通过创造空间来唤起人们对完美环境的感受，以寻求达到同样的和谐，并让我们在自己满意的“拉戈姆”小窝里感到平静。

社区周围的和谐

背景：近距离地观察瑞典的经典别墅

当你穿越瑞典郁郁葱葱的乡间时，你会发现，经典的农舍给美景增添了一抹浓烈的红色。这种浓重的、铜红色的阴影——法伦红——是根据达拉纳省的法伦镇的名字而命名的。在16世纪到19世纪之间，这种涂料最便宜。因此，许多小屋都采用了这种相同的、舒适丰富的色调。

如果你有更多的资金，也可以把小屋漆成黄色或白色。这种浮夸程度还在拉戈姆允许的范围之内。我不知道在路标发明之前，人们是如何互相指点方向的。或许是像下面这样：

“沿着这条路一直走，你会看到尼尔森的红色小屋，然后向左拐，一直往前走，就会发现阿维德的红色小屋进入视野。在斯文的红色小屋右转，最后就到了奥洛夫的红色小屋。

本书作者《正北：一组旅行观察》

简单的优雅

如果想要“拉戈姆”式的家，请记住：简单的就是最好的。

“拉戈姆”并不希望看到我们的家是已经完成的画作，它希望我们把家简化为空白的画布。这样，就可以创造生活的艺术空间。在这里，各种元素可以进行混搭，如同积木一样可以四处移动、拼接。宜家 DIY 背后的理念就是，希望每个元素都可以单个或一起发挥作用。

在室内装潢上，“拉戈姆”希望你选择一种“少即是多”的方式。希望你能在干净的线条中看到时尚，在疏朗中看到品味，在保守中看到高雅，并且建立一个中性色的基调，这样我们可以在此之上进行扩展。这种中性的基础色能够凸显你心爱的物件和纪念品。

我们说过，“拉戈姆”的真正含意在于，它告诉我们，我们应该让需求取代欲望。因此，我们必须把关注点放在物品的质量和持久性上，要首先满足我们对舒适的需求。

- 对一件家具或物品来说，它必须简单，并且易于使用。
- 我们要用高质量的、经久耐用的材料来做家具或物品，使其能够长期满足我们的需求。
- 因为我们设计的家具要使用很长时间，而且我们会一再地看到它。因此，从审美上，它需要让我们感到愉悦。

典型的瑞典式设计背后的三原则是：功能、质量和外观。

> 好的设计会避开当下的流行趋势，努力在作品中达到某种永恒。高品质的材料和精湛的工艺是这个等式的一部分。
>
> ——克莱松·卡尔维斯托·卢恩
> 瑞典建筑合伙人

外表也可能具有欺骗性。

那个棱角分明的、看上去属于未来派的椅子，代表典型的现代斯堪的纳维亚设计风格，符合人体工程学设计，能贴合你的脊柱，达到最大限度的舒适。在设计方面，瑞典人有一种深刻的意识和体贴。一切都包含在简洁的优雅之中。

记住，无论一件作品从美学角度看是多么不寻常，“拉戈姆”总是以功能性为优先。

体贴入微的设计

瑞典设计继续推进着创新和可持续性的边界。家具设计师莫妮卡 · 福斯特为家具品牌 Officeline 设计了一系列办公椅“Lei”——这是专为女性量身定制的，让女性的身体在工作中获得最大的支撑。

我希望“Lei”的样式由它的功能、尺寸和技术方案决定。所有这些都基于广泛的人体工程学研究，重点关注女性需要什么样的办公椅，以及她们与男性的坐姿有何不同之处。

——莫妮卡·福斯特
瑞典设计师

关注光线、空间和图案

瑞典人痴迷于光。

任何形式的光都受到极大的崇拜。这种寻找光明的本能，源于多个世纪以来，他们一直在漫长黑暗的冬天里挣扎求存。那预示着春天来临的第一缕阳光，常常浸透着给予生命的热情。

从桌子上温馨的烛光到黑暗中给我们指路的台阶上温暖的灯光，所有形式的亮光对瑞典文化来说都是必不可少的。

在瑞典，你会发现通风良好的空间，灯光可以在其中流动，比如落地灯和台灯、烛台、纸灯笼、吊灯和聚光灯等。

照亮瑞典家庭是一项严肃的事业，与挑选你的沙发难度相当。

光照亮了家，也照亮了我们的灵魂。在我们的日常辛劳中，光驱赶了黑暗的绝望，给我们希望的曙光。“拉戈姆”希望我们的家——我们的快乐之地——尽可能光亮炽热。

我们已经了解瑞典人有多么看重个人空间。因此，即便是最小的公寓，通常也会显得通风，因为瑞典人有意识地设计过，使它的内部空间最大。

尽管我们一直在强调“中性”和“简单”，但我们的家里并不缺乏鲜艳的色彩或图案。不同的质地和形状随处可见：枕头、抱枕、床罩和餐巾都是不同的面料。

从受到海军启发而设计的蓝白条，到一目了然的18世纪瑞典民间的生动花卉图案“库比特”，我们所选择的织物都能满足功能和情感价值的双重需求。我们在日常生活中会用到毛巾、枕头和餐巾，而从这些物件的色彩和几何设计上，往往可以瞥见我们的个性。

我们用来“筑巢”的面料在营造和谐的温暖空间中扮演着重要的角色。身处其中，我们的身体会有一种平和安宁的感觉。

强烈的色彩和图案可以消除拘束的感觉。即使是最小的隔间，只要用了醒目的壁纸，同样可以令人兴奋。

——约瑟夫·弗兰克
19世纪瑞典－奥地利建筑师和设计师

在家里的可持续生活

在后面的章节中谈论可持续性时，我们将会更深入地探讨瑞典人的整体心理。在我们的家里和我们所做的选择中，很有必要探索一下可持续性。

因为，除了创造理想的居所之外，“拉戈姆”希望我们能够以一种可承受的、可持续的方式，切实地维护理想住所。“拉戈姆”希望我们能在个人的需求和自己所处环境的需求之间找到一个健康的平衡。

这就意味着我们需要培养一些习惯。这些习惯不仅能帮助我们维持自己的家，还具有社会责任感和环境保护意识。也就是说，只使用我们所需要的“刚刚好的量”，留下足够的东西来分配，充分满足周围其他人的需要。

极简主义的美德

过度的压力常常是由于我们在勉力维持某些无法维持的生活方式。我们要不断地质疑自己的选择，这样才能重新调整自己，找到我们的完美空间。

如果一套大公寓能满足我们的需要，并能免于额外维护的压力，为什么还要维持一所大别墅呢？

在创造我们理想的家时，“拉戈姆”欢迎我们做出一些小小的改变，以提高我们的生活质量。

极简主义的优点在于，它能让我们从心理上摆脱压得我们喘不过气的不必要的任务和责任。此外，它还能让我们在一个没有杂物的背景之下，更清楚地看见自己的品位和偏好。

当我们的自然倾向和品位显现出来的时候，我们就开始建立了自己的认知、安全以及和谐的空间。

极简主义不是关于剥夺，而是要你在拥有的东西中找到更多的价值。摒弃多余的东西，只保留那些有意义或是能带给你快乐的东西。其他的一切都可以舍弃。

——乔舒亚·菲尔茨·米尔本
《极简主义》作者之一

改善家居环境

HOME IMPROVEMENT

- “拉戈姆”并不会让我们重新设计我们的家，让它大变样。毕竟，这样做不切实际，而且代价高昂。它想让我们做的是，诚实地向自己发问，为什么要拥有这件占地方的家具或者物品。

- 按照两份清单开始整理物品——实用性的和情感性的。任何不属于这两个范畴的东西都可以被清除。

- 让房间有光！试着用自然光或人造光源照亮你的房间。研究表明，我们之所以被光吸引，是因为潜意识里，光会振奋我们的精神。

- 也许是时候重新摆放你的家具了，尤其是如果你多年来都没改变过家具布局的话。我们天生就喜欢对称，并倾向于视觉上的平衡。

- 如果我们不能最终掌控居所的装饰，也许我们可以用最喜欢的颜色进行设计，营造出让自己快乐又整洁的角落。

- 把新鲜的植物和鲜花带回家，净化空气，提高你的整体幸福感。

- 你考虑过回收升级吗？重新定位一件物品，并赋予它另一个功能，而不是简单地将其扔掉。

6

社交与娱乐

SOCIAL LIFE
+
PLAY

既要严肃，也要快乐。

瑞典谚语

作为社会性的动物，我们需要从彼此身上寻求舒适和抚慰。

我们渴望被接纳，渴望归属感，下意识地需要和别人亲近，远离孤独。在有的文化氛围中，我们的感情往往能更好地发展，因为这些文化里的社会框架将每个人都当成家庭的一员。在与他人互动时，更注重齐心协力的意识。

然而，在那些更加注重个性和自给自足的文化中，在其核心之外往往会出现孤立的云朵。人们会更经常地感觉受到排斥、感到孤立，会有一种强烈的局外人的感觉。交朋友似乎很困难，建立活跃的社交生活更像是一件苦差事，而不是一种需要。人们可能会经常不情不愿地陷入孤独的精神空间。

瑞典社会的情况就是如此，它遵循了“拉戈姆”的指导原则，希望我们首先照顾好个人的需求，并确保在此过程中不会惹怒我们的邻居。

这样就在无意中创造了一个向内的社会。在这个社会里，人们的思想开放，允许邻居做任何想做的事，但却在自己的生活中画出界限，尽量排除外部的压力因素，以及那些令人不舒服和不熟悉的东西。

所以我经常说，瑞典是由最内向的人管理的最开放的社会。

涉及如何在社会中行动、进行互动以及娱乐时，“拉戈姆”就会体现出适当和公平的作用。每当“拉戈姆”在群体环境中重新抬头，把我们的注意力从对个性的关注中拉出来，它的嫉妒表亲“詹代”就紧随其后，同时带来一些负面的影响。

因此，抛开个人性格不谈，在瑞典之外和瑞典人交往与回到瑞典和瑞典人交往，你可能会有截然不同的体验。因为“拉戈姆”可以像内衣一样穿脱自由。在国外的瑞典人往往很快就能摆脱“拉戈姆”以及它在群体环境中要求的举止得宜，因为在国外“拉戈姆”被视为缺乏吸引力。许多瑞典人会在国外吹嘘自己的祖国，可是一旦回到瑞典，他们就会严厉地批评自己的国家。

那么，当我们与他人交往、一起玩耍时，“拉戈姆”能真正教会我们什么呢？

想要玩游戏，就得接受游戏规则。

瑞典谚语

忠诚和团结

无论我们身处什么样的社会，都希望能够追求一些美德。无论是天生的内向者还是外向者，我们都希望身处的文化能让我们以最少的努力，创造出我们想要的社交生活。

正如我们前面已经探讨过的，“拉戈姆”之所以在瑞典文化中被接受，原因在于它已深深地根植于团队动力之中。这或许应该追溯到维京人时代。“lagom”这个词本身就是“laget om”的缩写。所以自然而然地，它在这样的社会情景中更为透明，在这样的环境中也更容易被衡量。

由于“萝卜白菜各有所爱”，所以“拉戈姆”经常要求我们将注意力从“自我”转向“群体”，以确保我们不会侵犯他人的权利。“拉戈姆”寻求那些有着相同人生观的人之间的深厚忠诚，并且力图在我们的社会中建立一支团结的队伍。

这也是为什么瑞典的新居民经常发现，很难从一开始就与瑞典人建立起长久的友谊。瑞典人的朋友圈子似乎都很小，其中许多人从小就认识对方。要想加入这样的团体，就需要绝对的信任和忠诚。如果你表现出不够考虑团体的行为举止，通常就会听到和缓但不满的声音。

如果说眼睛是心灵的窗户，那么瑞典人天然倾向于用长时间的眼神接触，而不是其他身体语言来评估他人。虽然持久的凝视可能会让来自其他文化的人感到不自在，但瑞典人会下意识地这样思考：“我能足够信任你，让你走进我的世界吗？”

一旦外壳被打破，你可能就为自己找到了一个终生的瑞典朋友，因为“拉戈姆”与信任、公平和忠诚紧密相连。

就如同橄榄球场上的一场已经准备充分的比赛一

样，“拉戈姆”作为争球的前锋，相信其他球员已经百分之百地准备好来接这个球。队员手中的球，象征着他们最为珍视的东西。

毕竟，“拉戈姆”致力于在我们周围创造完美和平衡的情境。希望我们都是可靠的团队成员，能够得到信任去做我们承诺要做的事，并且会认真去做。与信任和忠诚一道而来的，还有一种安全感。

这也是瑞典人在有组织的活动、体育运动和其他定期聚会的俱乐部中如鱼得水的原因。

社会框架

瑞典人通过所谓的“框架活动”来进行社交。你首先得报名参加一个组织，一个体育团体，或者任何形式的有组织的活动。你得先和瑞典人一起做一些实实在在的事情，几个月（或几年）之后，你可能会被邀请参加一对一的社交活动，比如吃晚餐或喝咖啡。

另一种社交活动的框架是测验和游戏。瑞典人很乐意运用测验或游戏，来让自己舒适地与他们不熟悉的人进行交流。

这些框架活动消除了斯堪的纳维亚人与不熟悉的

人交谈时出现的尴尬，它提供了一个安全的互动框架。这样一来，你就不会不知道该说什么了！

——朱利恩·S. 波瑞莱
《瑞典社会指南》作者

在瑞典，除了俱乐部和团体以外，也有既定的社会框架，来创造一些有组织的而非自发的社交环境。每年都有秋假和冬假，在秋季和冬季各有一周的假期，人们可以与家人一起外出度过闲暇时光。此外，还有舒适的周五，一家人待在家里，蜷缩在电视机前，享受着零食和娱乐。

可以说“拉戈姆”是超越个体的，它总是渴望环境和秩序。

自我赞美是件糟糕的事。

瑞典谚语

安静的自信 VS 喧闹的炫耀

在“拉戈姆”上，行动比语言更有力。

事实上，我们的行动会发出巨大的声音，假如“拉戈姆”要遵守一系列标准的话，它将会难以达成。这是因为，“拉戈姆”认为自己最了解情况，并且也确实如此。

虽然很多文化在炫耀或展示胜利方面更加开放，但“拉戈姆”希望我们冷静地克制自己的情绪。因为，我们在欢庆胜利时，不应该让别人感觉太糟糕。每个人都有资格获得某种程度的幸福，即使是在刚刚结束的比赛中失利的那一方。如果你对此还有所疑惑，不妨观看一个瑞典的电视节目。节目中，一位参与者刚刚获得了 100 万瑞典克朗的奖金。对于这样的消息，参与者并没有做出太多的身体反应，很可能与你我的反应大不相同。

在瑞典，孩子们从小就在各种情境下被教导不要参与竞争，不必觉得自己必须比别人强，关键是要参与其中。

这种精神气质带来的公平负担意味着，自我夸耀和虚张声势在瑞典通常得不到赞同。胜利者会觉得他们不能纵情于胜利的喜悦，因为他们会被批判。然而，这似乎违背了“拉戈姆”的核心原则，它要求你首先照顾好自己的需求，找到个人的平衡点。但你必须巧妙地平衡这一切，不要违背群体的需求。

那么，我们如何才能在这些自得其乐的浑水中，抵御群体的汹涌浪潮呢?

在这种时候，“拉戈姆”的反对者们常常会举起手来。

难道说我们就不能充分享受自己的成就并公开庆祝吗？为什么我们要承担别人的意见这种不必要的负担呢？说到底，难道我们不是通过辛勤工作才取得了胜利吗?

等一下。在这里，我们真的是看到“拉戈姆”在起作用吗，还是我们把“拉戈姆”和它的表亲“詹代”搞混了?

请记住，每当“拉戈姆”在群体中得到彰显的时候，“詹代”就在其背后，带着它的嫉妒和判断说：因为我的“拉戈姆”不是你的“拉戈姆”。

假如我们摘下“詹代”的面具，并重新评估上述情况，就会发现“拉戈姆”真正想要做的，是把我们推向一个能够让我们以可持续的方式来平衡情感的空间。这个空间不会频繁地把我们推向两个极端，使我们在情感上遭受痛苦，变得脆弱。也就是说，不会让我们情绪失衡。在这里，有一种内在的自信，因为要让我们的工作来说话。

不断的吹嘘往往会侵蚀人们的期望，并在不知不觉中给我们施加压力，迫使我们过度表现，超出预期。如果我们不能实现最初的承诺，就会很快开始侵蚀信任和可靠性。“拉戈姆”的精神深深地担心着这一点。那就是，对信任的侵蚀。

“拉戈姆”这一概念创造了一种公平和信任的文化。它抑制了挥霍和自私，并确保整个团队——可能是一所学校、一家公司，甚至整个国家——都能得到公平的份额。

——谢尔·A. 努德斯特伦博士
瑞典演讲家、作家、企业家和经济学家

即使只是去约会，也意味着我们要戴上调查帽，用大量的后续问题来获取信息。因为瑞典人不会随随便便透露自己的成就，也不会为此透露任何个人信息。

观看瑞典运动员在世界锦标赛阶段的反应，相当于上了一堂“拉戈姆”的速成课。瑞典运动员习惯于压抑自己的情绪，并且用实力来说话。应该用正确的角度来衡量他们的回应，这并不是他们对成就不重视。因为毕竟，他们真的已经很努力了。

庆祝成功的壮举要以适当的方式来进行。然而，随着第二代移民运动员带来更多样化的文化和情感，这种情况正在逐渐发生变化。

当超越了预期的目标时，被采访的运动员对自己精彩表现的反应很可能是：

“我想我表现得还行，是整个团队赢得了比赛。”

“我为团队做了我该做的事。”

“只要我们赢了，谁得分都无关紧要。”

瑞典人通常不会使用大量的肢体语言来交流或表达太多的情感，所以他们必须经常依赖语言来阐述自己的感受。遗憾的是，瑞典语是一门非常直接的语言，很快就能说到点子上。所以，很少有精雕细琢的形容词或华丽的词语可以用来表达情感。

一场精彩绝伦的足球比赛在瑞典语中是这样表达的：“难以置信！”把单词“完全”加到这个句子中，就是这门语言表达程度最高的形式：“完全难以置信！”

“拉戈姆”可能会被误解为胆怯，但事实并非如此。“拉戈姆”指的是根据自身条件做到适度。这是一种设定期望的方式。因此，当我们达到或超出预期时，就会被认为高水平发挥。

此外，一旦我们意识到自己是唯一一个在反复炫耀的人，我们就会开始理解那些心照不宣的行为准则了。

要对等地偿还所得。

瑞典谚语

社会环境中的自给自足

回到谦卑这个词，最好是把它与“拉戈姆”区分开来。

是的，瑞典人会在陌生人面前感到不舒服，或者在不熟悉的环境中表现出害羞、腼腆。毕竟，这是对未知事物的一种自然反应，因为我们试图去解读和理解对方。但谦卑表示的是与胆怯有关的奴性、卑屈和顺从。这些词往往与瑞典人这种用直接的语言进行直接沟通的文化形成鲜明对比。

因为在一个看似平等的社会里，每个人都应该得到公正和平等的对待，而“拉戈姆”作为一个激烈的理想主义者，不希望我们彼此屈从。它希望我们在平等的基础上并肩前行，但没有必要手挽手。

虽然“拉戈姆”对其邻居很体贴，但这并不是它基于公正和平等因素而产生的服务意识。它希望我们能够自给自足，不依赖任何人，不亏欠任何人。它希望我们只从社会中获取绝对需要的东西，同时留下足够的东西给周围的人。它希望我们在寻求外部帮助之前，先尝试尽自己所能来解决问题。

甚至还有这样一个瑞典谚语：你是自己最好的帮手。

这种自给自足的游戏在不同的情境下都发挥着作用，尤其是在购物或外出就餐时。在购物的时候，服务员很少会一直在你面前转来转去。而侍者也很少会走到你的餐桌前，除非你和他们进行眼神交流，并向他们挥手致意。对那些来自服务意识更强的文化背景的人来说，这种态度可能会被认为是对外来者的轻视或漠不关心。

餐馆的账单几乎总是分开的，而且出单的速度也很快。在其中一位客人试图支付全部账单而引起尴尬的一幕之前，账单就已经出现在餐桌上了。对一个正在约会的人来说，如果期待会受到美酒佳肴的款待，那么等到夜晚结束时，这种文化规范会让他 / 她大感意外。瑞典人习惯于把账单分开，付清各自的费用，而不是对其他人负有责任，尤其是在经济方面。

请记住，“拉戈姆”努力寻求平衡，任何没有得到充分回报的姿态都被视为打破平衡，让天平重重地倾向一边。

这种潜意识的自给自足也体现在情感关系之中。在瑞典，我们常常见到未婚情侣多年生活在一起，甚至还有几个孩子，却过着经济独立的生活。许多瑞典人反对婚姻的观念，婚姻往往被视为对另一个人的永久依赖。

如果我总是依赖别人或对别人有情感上的义务，那么我怎么能达到自己的“拉戈姆”呢？

为了好东西，等多久都没有关系。

瑞典谚语

耐心的艺术

我们目前的世界充满由社交媒体所激发的即时满足和过度刺激，这一切正在不断削弱我们锻炼耐心的能力。尽管如此，我们还是可以借由“拉戈姆”来看一看，在克制的艺术方面，“拉戈姆”能教给我们什么。

当我们在生活中练习“拉戈姆”时，并不是自动意味着我们能免于躁动和不满。然而，值得注意的是，在这个舞台上，压力、不必要的冲突、对抗和急躁情绪都被挡在了门外。

为了避免发生受到指责的情况，瑞典人已经习惯了排队。虽然这可能会让人联想到一列排好队的旅鼠，但这是一种精神上的预备状态。一旦我们走进营业场所，这种状态就会自动被调用。

当你走进瑞典的任何一家商店、药房、熟食店、政府机关或银行，里面都可能有一个叫号系统。票务机发放打印出的号码，轮到为你服务时，就会显示或是呼叫你的号码。

虽然排队和售票系统对瑞典来说并不特别，但你发现这些机器的工作频率有助于你培养耐心和平和的心态——因为一旦你就位了，就很难发现它们，可以说非常讽刺了。因为你已经做好了等待的预期，你在心理上做好了准备，并做出了相应的计划。最重要的是，你也为自己减压，因为知道自己必须有耐心。“拉戈姆”自然地对抗各种形式的压力，它主动采取措施避免对抗，并确保群体内的一致性。

尊重时间

“拉戈姆”不仅要求我们尊重自己，也要求我们尊重别人，根据黄金法则来生活：你希望别人怎样对待你，你就应该怎样对待别人。给别人所需的空间，也不要浪费别人宝贵的时间和资源。通过适当的社会行为，“拉戈姆”旨在让我们尊重身边的每一个人，而不是妨碍他人。我们应该能够轻松地与他人分享空间，而不会贬低他人和他们的时间的价值。

在守时方面，这种美德是显而易见的。

众所周知，瑞典人非常守时。无论是在家里，还是在工作或玩耍时。孩子们准时到达日托中心；成年人准时参加商务会议；在社交场合，你的朋友们会准时开始喝鸡尾酒。公共交通准时运行。议程需要遵守。如果有人迟到，时间表也会陷入混乱之中。

虽然许多文化对时间管理有一种更加自由放任和乐观的态度，但运行在“拉戈姆”之上的生活方式认为，在时间上，我的行为不能侵犯他人的舒适。如果我们双方都决定了具体的时间，那么我们都要信守诺言。

如果别人不相信我们会准时出现，而我们对迟到又没有一个可靠的解释，那么，当我们被带入一个紧密联系的朋友圈时，别人又怎么能信任我们呢？

毕竟，“拉戈姆”从信任中汲取力量，以建立忠诚。

暂停时间

TIME OUT

- 在社交生活方面，“拉戈姆”的优势在于团队合作。它希望我们都是可靠的团队成员。你上一次把所有的东西都奉献给一个团队是什么时候的事？

- 将吹嘘保持在最低限度会给我们的人际关系注入惊喜的元素。为什么要一次性亮出你所有的牌？何不把你的底牌一张一张地亮出来，让那个新结识的朋友感到惊喜呢？钦佩往往是通过这种方式建立起来的——有节制地展示的诱人艺术。

- 也许是时候加入一个俱乐部来维持你的兴趣爱好了。随着萨尔萨舞曲摇摆，弹弹吉他，玩玩橄榄球，或者绘画。通过这种方式，我们可以和充满生活热情的人们一起创造稳固的社交生活。

- 瑞典人说话时天然会保持眼神交流，我们也可以磨炼自己的技巧，直视他人的眼睛。持久的注视会让人产生自信。

- 我们需要言出必行，并且要心口一致。这要求我们不过分承诺，也要切实了解我们能做什么，不能做什么。我们可以让行动为自己说话。

- 假如和不信任我们的人之间出现了问题，那么现在开始收拾残局永远不会太晚。不是告诉他们我们认为他们想听的话，而是直接说出我们的想法。一句诚实的“对不起，我做不到”总比一个失败的承诺好得多。

- 假如你是一个时间的乐观主义者，迟到意味着不尊重别人的时间。

7

工作与生意

WORK
+
BUSINESS

双方都能互利互惠，就是好生意。

瑞典谚语

商业世界是残酷的。我们为了生存进行激烈的竞争。我们积累杰出的个人成就，想要出人头地。我们以充满激情的执着追求事业的梦想。我们往往以胜利来定义成功。从获得令人垂涎的客户和利润丰厚的项目，到成功地营销自己，将自己作为帮他人解决问题的完美方案。

有时，我们打着“为了做好生意”的名义，以牺牲他人的利益为代价获得成功。我们获得尽可能多的利润，同时花费尽可能少的资源。毕竟，在竞争和利己主义的十字路口，生意才得以蓬勃发展；我们必须很好地推销自己和工作。因此，“拉戈姆”似乎还没来得及抬头就已经被这个空间弄窒息了。

不过，“拉戈姆”依然挥舞着公平和逻辑的旗帜，在其间一路奋力前行。

如果我们更仔细地研究一下这句瑞典谚语“双方都能互利互惠，就是好生意”，我们就会开始看到，在我们的工作环境和所经营的业务中，“拉戈姆”是如何体现的。

“拉戈姆”体现在我们与同事的互动方式上，体现在我们为实现共同目标所采取的不同方式上。谈到如何赚钱时，“拉戈姆”希望我们以公平、忠诚和信任的强大道德感来对待工作。在社交生活中，“拉戈姆”希望我们在和别人一起玩耍时具有同样的美德。在我们与他人一起专业地工作时，同样也应如此。

在工作场所，“拉戈姆”有意识地将我们转变为团队模式。在这种模式下，必须实现更大的集体利益，以使业务本身变得更好。这意味着我们要用理性之线来缝合我们的商业文化，在它的肩膀上披上忠诚的外衣，并在它周围拉上信任的腰带。

“拉戈姆”选择逻辑而非情感。选择实用性而非视觉享受。选择行动而非承诺。“拉戈姆”希望我们的言行在签署任何合同之前就已经具备约束力。

瑞典人对待工作和商业的态度是忠诚与信任。瑞典人总是把自己定位在工作之中。虽然千禧一代可能不会像老员工那样忠诚于雇主，但一定程度的忠诚仍然存在。

——图德·舒特

专业猎头，瑞典“发展自我”公司工作教练

规划和准备

瑞典人习惯了随时都要有所准备。几个世纪以来，生活在无法预测的天气条件下，瑞典人已经建立了一种思维模式，希望你能做好准备去面对一天中任何突然而至的挑战。

准备工作需要规划。毫无疑问，这种合理规划的心态会影响到我们的日常工作生活。在工作中，没有准备可能会毁掉一个项目，甚至毁掉整个公司。

许多在瑞典工作或做生意的外国人经常抱怨，瑞典人在前期规划和准备工作上投入了太多时间。议程要经过三次核对，并且要召开几次会议来规划上述议程中出现的每一个项目。计划可能需要几个月的时间才能落实到位，然后才能进入下一步，实施这些计划中的每一项。

对以效率为傲的商业文化来说，这些与生俱来的热衷于计划的行为似乎是违反常理的，可以被看作在浪费我们的时间和资源。

然而，“拉戈姆”渴望通过修剪边缘的多余部分来追求平衡，因此需要充分的计划。无论要花多长时间，“适当”都要求删掉无关紧要的东西。

高效是指以最佳的方式，用最少的时间、资源和精力有效地履行与运作。这个定义反映了“拉戈姆”的核心。

所以，“拉戈姆”说，花足够多的时间做好准备，并且大力发展计划是完全可行的，因为这是我们保证效率的唯一途径。

共识的重要性

“拉戈姆”在工作中完全转变为团队模式。它将责任和义务从个人转移到团队。和瑞典人一起工作时，根本没有办法完全摆脱这种心态。

如果你来自一个总是发号施令的文化，那么，当你遇到“拉戈姆”的商业模式时，你可能会有喜有忧。因为“拉戈姆”提倡在一切阶层中都要保持公正和平等，决策往往是由集体协商达成的。每个人都必须就议程上的一切达成一致。否则，将会组织召开另一次会议，找出为什么有人不同意议程上的所有内容。

周一上午通常从召开全体会议开始，持续一整天，继续进行几次后续会议，讨论在上午的全体会议上已经讨论过的个别项目。

在局外人看来，那些也许只是日常的话题，但也要召开会议进行辩论、展开讨论才能做出决定。如果不能达成共识，那就需要喝咖啡“菲卡”一下，然后再一次在餐桌上讨论这些话题。

如果你想采取快速果断的行动，上述情形可能会让你很沮丧。或者，你可以张开双臂拥抱它，因为最终，你的思想和观点会在决策过程中被积极地予以考虑。

如果我们仔细观察就会发现，除了召集多次会议可能引起的烦恼之外，这里还有一些事情在起作用。

首先，在公正和平等问题上，“拉戈姆”非常有用。“拉戈姆”自然而然地鼓励和邀请我们参与其中，让所有人的声音都能得到倾听。

其次，“拉戈姆”一直在寻找最佳的平衡，因此它会寻求合作，并通过共识找到解决问题的理想方法。为了找到最佳答案，“拉戈姆”天然会质疑所有的行为。它希望我们用逻辑和客观的态度而非感情用事，对情境完美的内在追求保持开放的态度。

最后，对公正和平等的需求催生了一种扁平的企业结构，而不是我们在世界各地的公司里常见的那种金字塔般的等级结构。这种管理风格要求高层管理方式更随意、更透明。因此，我们能在轻轻松松、像露营一样的环境中畅所欲言，这些想法也可以直接抵达管理者。

对公司的 CEO 直呼其名是很常见的。毕竟，“拉戈姆”的心态表明，无论我们的社会头衔或文化地位如何，我们从根本上来说都是平等的，应该得到平等的对待。

就工作场所的性别均衡而言，瑞典在 2016 年世界经济论坛的全球性别差距指数中排名第四。之所以能取得这样的成就，是因为瑞典消除了 81% 的性别不平等，并不断地促进代表性和多样性。

因此，在做出决策时，会是一个非常具有包容性的过程，确保我们一起努力以达到共同的目标。通过消除情感因素和激发逻辑判断来达成妥协。提高团队合作，从而进一步建立忠诚。

瑞典在企业等级制度方面的宽松结构意味着管理者不是半人半神。管理者不能下达命令。他或她必须通过外交手段来说服员工，让员工了解自己将要行进的方向，或是想要达到的目标。

——图德·舒特

专业猎头，瑞典“发展自我”公司工作教练

谈判和简洁的艺术

瑞典人通常会成为伟大的谈判者，但并不是那种无情无义的谈判者。毕竟，良好的业务必须充分满足双方的利益，而不是在谈判过程中树敌。这种对外交的嗜好来自“拉戈姆”及其不断提出问题的需要。

多愁善感被留在董事会门外，而实用主义会掌握方向盘。在“拉戈姆”的指引下，人们详细讨论项目，深入地探讨提案的可行性，想方设法让谈判取得成功。

假如你正坐在“拉戈姆”的对面，可能会觉得这一过程让人筋疲力尽。然而，这种自然的需求保证了我们无论采取什么样的商业行动，都是能确保平衡与和谐的最佳决策。

这也意味着，当涉及“交流”的时候，需要较为简洁。

正如我们已经讨论过的那样，这是因为瑞典语是一门非常直接的语言。此外，瑞典人将闲聊和多余的词语视为不必要的、低效的。因此，瑞典人倾向于直接着手处理手头的业务。交流往往是直接的，切中要害的。电子邮件也反映出这种简洁的风格。做生意是基于事实，而非直觉。谈判也是以一种有条不紊的方式进行的。

找到我们需要快速解决的问题的关键，有助于消除那些使我们远离解决方案的干扰，从而再次实现和谐。

当项目的总体责任转向整个团队时，“拉戈姆”要求我们对自己所说的事情负责，以努力维持信任感和可靠性。

如果你失败了，团队可能会为你承担责任，但他们不会再信任你。这一点也会从每次与你的目光相遇时，那典型的瑞典式长时间凝视中反映出来。

想要证明太多的人，往往什么都证明不了。

瑞典谚语

冲突和竞争

可以这样比喻，“拉戈姆”会死于冲突和压力交汇的十字路口。它在任何潜在的对抗迹象中束手无策，并且不愿意被打破平衡。这一点清楚地体现在我们的工作和商业场合。

毕竟，如果我们达成共识，就会减少之后发生冲突的风险，不是吗？

既然大家已经同意采取相同的行动，从技术上来说，没有人能够对我们发火，对吧？

这也是瑞典人擅长说“不”的原因。不过，这种情况正在逐渐改变。因为我们受到了来自社会的压力，现在的社会期望我们成为超人，而说“不”会被认为是无能的表现。

拒绝额外的工作很重要，因为接受它可能会耗尽我们履行诺言的能力，从而导致职业上的冲突或某种形式的纷争。通过设定实际的期望和信守承诺，诚信得到了严格的保护。这是通过承担我们知道可以切实完成的任务来实现的，这样也就不会削弱同事对我们的信任。

在瑞典，坚决拒绝老板提出的工作而不感到内疚，同时也不担心这样做会影响到你和经理的关系，这种情况并不少见。因为“拉戈姆”是直接的，那些根据这一原则运作和生活的人对此有着深刻的理解。

通过消除压力来营造一个轻松的工作环境很重要。从更加随意的商业着装规范，到有足够的时间喝点咖啡“菲卡”一下，以便在重返比赛前给自己充充电。

瑞典人知道在不同情况下精确使用“拉戈姆”的方法，因为他们从小就受到培养，会本能地通过团队动态来引导自己。

谈到个人竞争，表亲“詹代”把自己的力量放在了“拉戈姆”的身上，并试图把每个人都放回各自的位置上。“詹代”说，我们不应该感到和表现得比别人更好。在让工作为自己说话方面，吹嘘是自尊心不强、缺乏自信的表现。

虽然这可能与商业世界有直接的冲突，因为在这个世界里，你需要在市场上竞争才能生存，但“拉戈姆”努力把重点放在质量上，“拉戈姆”希望靠质量来为我们自己说话。可是，这也并不总能奏效，尤其是将积极推销自己和能力视为个人在职场上取得成功的必要投资的时候。

本质上，就是在作品完成之前把它卖掉。

但是，如果我们把表亲“詹代”推到门外，重新关注“拉戈姆”，我们就会明白，为什么个人竞争不仅不受欢迎，而且被认为是不可持续的。坦率地说，这是对能源的浪费。我把它比作你在跑第一场马拉松比赛时，就试图要与一位经验丰富的马拉松选手并驾齐驱。

不能平等地衡量“拉戈姆”。

我的“拉戈姆”不是你的“拉戈姆”。“拉戈姆”不需要竞争，它希望我们找到自己的平衡，激活我们的个人能力，并确定我们的核心力量。总是关注个人利益就意味着你忽略了团队的业务目标。

最佳的解决方案是，每个人都自信地根据自己的优势和内心的“拉戈姆”标签进入自己的角色，而不是通过个人竞争。

是的，竞争可以是健康的，可以给我们额外的推动力。但这种推动需要有意识地引导我们找到个人的和谐与平衡。这种竞争的推动不应该让我们偏离自己的人生道路。

没有消息就是好消息。

瑞典谚语

给予和接受反馈

我们经常听到这样一句话：“没有消息就是好消息。”如果我们没有收到反馈，很可能一切都很好，我们不需要再担心。可是，说起来容易做起来难。

当我们没有得到口头确认的时候，我们还是会全力以赴，自然也会忧心忡忡。毕竟，我们如何评估所做的事情是否符合团队的需要？时不时地拍拍我们的后背以鼓舞士气，并为我们的忠诚之火加油，这难道不好吗？

在运作在“拉戈姆”之上的典型瑞典工作场所中，尽管瑞典人的交流方式非常直接，但很难获得对个人的反馈信息。

赞美之词并不容易扩散，因为“拉戈姆”的心态总是首先关注行动。它从我们所做的事情中得到启示，并将其与我们所说的话联系起来，看看其间是否有清晰的联系。另外，很少进行评价也是为了避免对抗，毕竟那可能带来不适和压力。

这种温和的反馈方式有其明显的优点和缺点。

主要的优点在于，“拉戈姆”以信任为基础。所以，你所处的团队明确相信你的能力和实力，而不是经常对你进行细致入微的管理。

“拉戈姆”在庆祝我们的成功和继续以强烈的职业道德来完成我们的工作之间努力做到公平。如果我们不断地吹嘘自己的成就，就会营造出让人精疲力竭的环境和人际关系。就像那个喊狼来了的小男孩的故事一样，当你最需要得到别人的认可时，别人可能无法在那一刻正确地意识到你的好消息。

明显的缺点在于，如果我们被遗忘在角落，没有得到同事和管理者足够的个人评价，我们可能会感到不被赏识。作为依靠得到承认才能茁壮成长的生物，我们都需要不时被认可，以证实不仅我们做的事情是正确的，而且做得非常出色。

设定个人界限

热烈而持久地注视。把你的每句话都记下来。全神贯注地倾听，头微微歪向一边。饶有兴趣地分析你说的每一个字，并积极予以回应……

然而，上述这些表现并不说明你的瑞典同事或老板正热烈地爱着你。

相反，“拉戈姆”孕育了一个拥有优秀听众的国家，他们给了你空间来完成你的思维训练，而不会粗鲁地打断你。毕竟，那样做会给对方带来不便，因为“拉戈姆”的目标是实现不受干扰的和谐交流。

除了给予尊重，长时间的眼神接触是一种安静的信任评估，也是衡量我能向你敞开多少心扉，你又会分享多少作为回报。但这并不意味着瑞典人对你怀有好感。

我们中那些缺乏经验的人可能会把这种专注误解为个人兴趣的体现。

其实，这种表现只是在你发言时不去打断你，进行相互交流。这一切都基于尊重。

此外，不要被那些散发出随意的和无障碍的休闲商务场景所迷惑。瑞典人在工作和私人生活之间保持着非常严格的界限。即使有人试图撬开个人信息，它们也不会轻易被分享。

同事们的确喜欢下班后一起去喝点饮料，一起参加各种社交俱乐部和活动，甚至会在社交活动中频繁出现。所以有人可能会认为，下一个合乎逻辑的步骤就是被邀请去吃饭。可是，在瑞典的社会框架中，在一起玩乐并不意味着我们彼此已经更亲近，可以跨过同事的界限而被邀请进入私人住宅和个人生活。

找到工作与生活的平衡

瑞典拥有世界上最慷慨的工作时间。

法律规定了5周的假期，480天的带薪育儿假，十几天的节假日，还有其他带薪休假用来照顾生病的亲人，难怪瑞典人常常会在5点下班之前就离开办公室，有时甚至会更早离开。

有一些公司甚至已经尝试了每天六小时的工作时间，看看缩短工作时间是否能提高效率，同时保证瑞典人充满激情地捍卫工作与生活的平衡。

毕竟，“拉戈姆”的目标是在我们周围精心打造一个可以轻松维持的生活，从而有效地进行工作。它想让我们质疑为什么要加班，看看我们能否更好地分配时间来重新平衡我们的生活。

在个人生活的需要和事业的平衡上，“拉戈姆”采取了适度和可持续的方式。它希望确保我们做出的任何决定都不会对我们的幸福产生负面影响。

这就给瑞典文化带来了一定的灵活性。比如，父母可以早点下班去幼儿园接孩子；为了约会可以早点离开办公室；或者，父母休完育儿假回来上班后，如果需要，还可以减少 50% ~ 75% 的工作时间。

不像另一些文化会尽可能地强调努力工作以积累你想获得的财富和成功，瑞典人有完全不同的行事方式。

瑞典人工作是为了生活，生活不是为了工作。

也就是说，瑞典人的工作是为了获得足够的收入以充分地支持他们各自的“拉戈姆”生活。作为个人的生活方式原则，“拉戈姆”的存在意味着一个人不需要为了获得成功而积累过剩。这就是为什么即使是最富有的瑞典人，也很少会有堆满各种高档商品的装饰华丽的房子。

我经常建议去瑞典的游客在下午 6 点前完成购物。因为那时很多商店都关门了。有时在周末，商店关门的时间还要更早。这一点往往会让人觉得违反直觉，因为大多数人都是那个时候才有空去购物。然而这种由许多工会强制执行的职业道德，确保了零售人员的权利得到充分保护，从而使他们在自己的生活中也能保持平衡。这反过来又提高了整个社会的生活质量。

做有社会责任感的企业

照顾彼此，照顾环境，这些善举延伸到了我们的工作领域，以及我们彼此之间做生意的方式上。这种作为社会守护者勇于承担社会责任的美德，也体现在瑞典人经营公司的方式上。

因为从根本上讲，“拉戈姆”是在公正、平等和可持续的基础上运作的，瑞典企业在全球范围内的企业社会责任方面处于领先地位。对一家基于“拉戈姆”原则运作的企业来说，气候变化、性别平等、环境保护、人权和反腐败的斗争等全球性问题，只是它想要解决的部分问题。根据瑞典标准研究所的数据，瑞典是世界上人均环保认证企业数量最多的国家。

因此，将企业社会责任紧密地融入公司的战略和日常运营中，这种做法并不少见。“拉戈姆”规定，我们争取利润的同时不应该妨碍他人的权利，也不应该对我们的社会和环境造成负面影响。

尽管“拉戈姆”在竞争、解决冲突和整体企业架构上采取的温和态度可能意味着，用“拉戈姆”来做生意，会导致人们缺少在资本主义程度更高的模式中所期望的赢利机会，但我们希望重新评估这种观念。

2016 年，《福布斯》根据 11 个因素对 139 个国家的商业头脑进行了评估，其中包括创新、税收、技术和官僚主义等指标。评估之后，《福布斯》将瑞典的经商环境排在首位，在全球排名第一。相比之下，以强大的经济实力和商业文化著称的美国排名第23位，而英国排名第 5。将“拉戈姆”理念融入我们的商业生活中，可以说好处多多。

会议纪要

MEETING MINUTES

- 也许我们在这里得到的一个关键启示是，在决策过程中要学会更慎重地进行衡量。在匆忙做出最终的承诺之前，退后一步，从另外一个角度重新评估局势。

- 如果我们处在领导的位置，应该在我们和员工周围创造一个轻松的环境，而不是一个只会助长自我膨胀的紧张环境，这样才能培养我们渴望的忠诚。

- 你的信誉取决于做你所说。所以，学会说“不”，诚实地对待自己的能力，设定期望，懂得放权，完成更少的任务，但要做得格外出色。

- 如果每一项成就都在取得的那一刻即时分享，那么我们更重要的消息就不会对朋友和同事产生太大的影响。

- 你真的需要加班吗？如果答案是否定的，那么就问问自己为什么要加班呢？

- 虽然达成共识需要合适的时间和地点，但对我们正在进行的工作来说，获得第二甚至第三种意见，可能会给我们发热的头脑带来一些急需的客观性。

- 如果你认为自己是一个优秀的谈判者，那就后退一步，重新审视谈判对你来说意味着什么。你是否总是让别人得到更少，以体现自己的聪明和优越？还是你在谈判时会考虑到双方的立场？
- 准备好提出问题，避免只做表面工作。

8

金钱与财务

MONEY

+

FINANCE

十鸟在林不如一鸟在手。

瑞典谚语

如果金钱是万恶之源，那么，在公正和平等之上运行的“拉戈姆”心态与财务就有一种错综复杂、甚至具有强迫性的关系。

在一个贫富差距不断扩大的世界里，我们都渴望得到经济保障，这一点不足为奇。要满足我们作为人类的基本需求就需要花钱，所以我们常常担心没有足够的钱来解决这些生理问题。

我们为适当的住所、食物、水和医疗担忧，为这些核心需求的相关费用担忧——从让我们填饱肚子的食品杂货账单，维护我们住所的物业费，到确保我们身体健康的医疗费。

我们中的许多人经常为各种款项的支付忧心，因为我们的责任和承诺堆积得太快，而我们经济上的支持来得慢很多。

而我们当中那些能够轻松满足基本需求的人，又会渴望更多的钱来获得额外的安全感和心灵的安宁。我们希望有更多的钱，可以毫无限制地追逐我们的欲望、梦想和需求。我们不仅寻求财政独立，更寻求经济稳定。

谈到金钱问题时，“拉戈姆”采取了更合乎逻辑和常识的方法来管理我们的钱袋。

“拉戈姆”希望我们的账簿能够收支平衡，这样自然就会引导我们远离债务。“拉戈姆”主张用一种更为细致的方法来处理金钱，我们购物时必须充分质疑为什么要买这些物品。“拉戈姆”试图将我们辛辛苦苦挣来的钱花在两类物品上：具有功能价值的物品和具有情感价值的物品。这两类物品之外的任何东西，都可以被认为是多余的或无用的。

我们已经知道，“拉戈姆”天然就会竭尽全力来对抗奢侈浪费。

因此，当涉及金钱和财务时，“拉戈姆”会呈现出几种形式。第一种是通过征税，未雨绸缪地来缓解财政压力。第二种是简化我们的开支，把我们的财务生活降低到自认为节俭的程度。第三种是希望我们通过常识性的预算，合理地计划每个月的开支。

将税收作为一种减压方式

不妨这样说，金钱是造成我们生活中的压力的主要因素。同样可以肯定地说，收税员一直以来都是最受鄙视和最不受信任的职业之一。这一现象可以追溯到几千年前的不同文明之中，甚至可以追溯到圣经时代。毕竟，没有人愿意放弃自己多年辛苦积攒起来的钱财。

然而，瑞典的税务机关与瑞典人之间存在着某种良好的关系。

尽管许多国家的公民都不愿纳税，在涉及最高扣除额的时候总是尽量少付。但瑞典人已经意识到，无论喜欢与否，缴纳足够的税款实际上是一件好事。

瑞典语的“税收”（skatt）一词还有另一个含义：财富。在很多其他语言中，这个词并没有这样积极的内涵。

——大卫·怀尔斯
瑞典马尔姆默 Spoon 出版社内容总监

如果我们仔细看一看瑞典语中的“税收”这个词，它的确意味着财富。

税收可以被看作人一生中未雨绸缪的储蓄方式，因为这一系统值得信赖，在需要的时候能很好地发挥作用。如果要列举其好处的话，比如说，它能确保我们在有了孩子或者收养孩子时，得到带薪假期；我们失业时，可以获得失业救济金，补贴我们的教育和医疗费用，帮助我们在需要时支付房租；当我们老了领取养老金时，可以得到社会保障；等等。

上述列举的各种情况都有可能在经济上毁掉一个人，并迅速地将其推到贫困线以下。然而，瑞典作为一个整体，在努力地争取平等，确保每个人都能得到公平的份额，让我们都能过上适当质量的生活。这一安全网极大地减轻了个人财务上的压力，而“拉戈姆”

会很乐意投资于任何能减少我们生活中的不确定性和不安全感的系统或结构。

为了在我们周围创造一种外部稳定与经济和平的感觉，理想世界里的“拉戈姆”不希望我们过分强调金钱。“拉戈姆”希望我们能够好好工作以充分满足日常需求。因为我们知道，通过纳税，我们正在为这种财务稳定的集体网络做出贡献。

现在，众所周知，瑞典实行高税收制度。很多时候，其他国家认为这一点会反映在所得税上，但事实并非如此。瑞典的平均个人所得税介于 30%~33%，而企业税收约为 22%。

真正的税收负担在于增值税（VAT）等间接关税。增值税可以使我们购买到的商品成本，以及从他人那里获得的服务费增加 25%。这就是为什么我们的消费应该用于购买能满足我们功能性需求的必需品，或是那些能深深触动我们心弦的物品。

无论如何，从实际的角度来看，纳税通常被称为一种必要之恶。如果税收为我们提供了普遍的保障，我们不妨欣然接受，“拉戈姆”如是说。

节俭和预算

瑞典人非常喜欢储蓄。随着时间的推移，经过20世纪80年代政府支持的基金储蓄，我们已经逐渐习惯了储蓄。按月存钱现在已成为一件自然而然的事情。从起初为维持自己的生活方式和孩子存钱，到现在为退休而储蓄。

——英厄拉·加布里埃尔松

经济学家和瑞典北欧联合银行关于个人经济的发言人

在瑞典或在瑞典人周围生活过一段时间后，许多外国人可能开始察觉到某种程度的节俭，有时甚至会对自己支付的价格的界限有一种执着。

这种节俭的态度往往与之前提到的一种态度背道而

驰。那种态度要求你以能够承担的最好品质满足自己的需求，从而可以维持很长一段时间。这意味着要意识到我们把钱花在了什么东西上，并确保这些东西把正确的价值带入我们的生活中以保持平衡。

瑞典人喜欢精心制作的东西，这反映在他们所选择的物品的质量上。我们也想一次性地投资这类物品。也就是说，我们会转而选择那些由高质量的材料制成的、经久耐用的物品，那些专为较长保质期设计的物品。

这间接导致瑞典成为一个购物昂贵的国家。除了增值税之外，我们经常要为所购买商品的优质材料和有机成分买单，这反过来又会导致成本上升。

瑞典人审慎的另一个因素源于“俭以防匮”的“拉戈姆”心态。这一点甚至可以在战后经典的连环漫画《节约与浪费》（*Spara och slösa*）中体现出来。这部漫画教会了孩子们节俭的价值，并向他们展示了浪费的危险。

通过简化我们的日常开支，我们不仅可以确保减少周围的浪费，还能减少钱包的压力。我们找到办法对拥有的东西重新定位，并赋予它们新的功能，而不是用新的东西来代替它们。

我们会在最合理的地方花钱，在任何可能的情况下，我们都会寻找免费的活动和划算的交易。从在各种公园、图书馆和博物馆举办的免费音乐会和免费赠送的家庭活动，到二手跳蚤市场、图书减价和其他省钱活动中引人注目的抢断行为。

口袋里的一片面包胜过帽子上的一根羽毛。

瑞典谚语

涉及做预算以帮助我们保持良好的财务状况时，“拉戈姆”提出问题的倾向就发挥作用了。“拉戈姆”要求知道我们每天、每周、每个月中每一分钱的去向。

“拉戈姆”说，只使用我们需要的东西。“拉戈姆”力图遏制冲动消费，因为这种消费属于奢侈的行为。“拉戈姆”帮助我们跟踪自己的消费并找到妥协方式，努力让我们在财务生活中获得满足感。

即使与他人的巨额财富相比，我们的财富少得可怜，“拉戈姆”也希望我们先把精力集中在自己身上，而不是去对照别人来衡量自己。

正如瑞典谚语所说的，口袋里的一片面包胜过帽子上的一根羽毛。

意思就是在力所能及的范围内适度地满足我们的需求，总比那种在经济上无法完全维持的豪华显摆的生活方式好得多。

在权衡投资方面，大多数瑞典人都处在风险和零风险之间。一半的瑞典人对他们的储蓄有计划，另一半瑞典人则“只是储蓄”。

——英厄拉·加布里埃尔松

经济学家和瑞典北欧联合银行关于个人经济的发言人

为什么要生活在超出我们力所能及的生活水平之上，给我们带来不必要的压力，以致总是郁郁寡欢、犹豫不决、忐忑不安呢？

解决债务

如前所述，以“拉戈姆”的精神来生活，意味着我们生活在想象中的天平两端。这天平需要平衡，向其中一方或另一方的严重倾斜都会被看作一种负担。“拉戈姆”试图通过摆脱超负荷来重新校准自己。

尽管“拉戈姆”的重心是在我们周围建立和谐的社区，彼此照顾，但“拉戈姆”也促进了自给自足。这种个人自治使我们从个人负债中解脱出来。债务对双方都是沉重的负担，从而导致了压力。这种压力会破坏平衡。

在债务之下，“拉戈姆”会尴尬地枯萎。前瑞典首相约兰·佩尔松有一句经常被引用的名言：“债务缠身的人是不自由的。”这绝对不是建议瑞典人不去承担合理的金融债务。事实上瑞典人是会承担债务的，特别是在投资于自己的家时。然而，债务并不是这个文化的自然组成部分，瑞典文化是力求货币独立的。

虽然这听起来与瑞典被认为是一个经济上依赖政府的社会福利国家有直接的冲突，但是要对等地偿还所得的“拉戈姆”的内在心态正是瑞典在欧盟国家中债务水平最低的原因。2016 年，《福布斯》基于货币自由进行排名，瑞典在全球排名第四位，而且瑞典政府十多年来一直保持预算平衡。

如果有需要的话，“拉戈姆”希望我们直接从用税收凑成的“公共锅”里筹集资金，而没有必要直接从别人那里筹钱，因为这也会成为别人的负担。

财富和名声

如果你让普通瑞典人说出一个瑞典亿万富翁的名字，他们可能会立刻想到英格瓦·坎普拉德，他是全球公认的家具品牌宜家的创始人。

除了坎普拉德之外，要让瑞典人试图说出其他亿万富翁的名字，他们可能会挠挠头表示不知道。然而，《福布斯》的数据显示，瑞典有超过 25 位亿万富翁。其中最富有的人是斯蒂芬·佩尔森，他拥有时尚品牌 H&M 令人羡慕的股份。事实上，这些人积累了大量的财富，却在瑞典社会中悄然存在，这一事实表明了与“拉戈姆”相伴而来的节制和谨慎。

在瑞典，财富并不会以我们在英国或美国所见的那种方式进行炫耀。但毫无疑问，瑞典人正以破纪录的速度积累财富。基于创新和技术的初创企业正在创造新一代的企业家富豪。

地铁上坐在你旁边的那个安静、谦逊的陌生人，很有可能掌管着市场上最炙手可热的初创公司，每年能赚数百万美元。

财富不会显现在我们的衣袖上。是的，我们可能会评价所穿衣服的质量、所驾驶的汽车，以及所居住的区域，将其视为富裕程度的标志。可是，要估量一个瑞典人的富裕程度仍然是一项艰巨的任务。这主要是因为，当我们炫耀自己的成功时，“詹代”表亲会带来很多的不适和潜意识的羞耻感。

通过在我们的消费习惯中增加一些“适度”，“拉戈姆”试图将我们的个人财富与内心对过度消费和炫耀的需求协调起来。

金钱问题

MONEY MATTERS

- 说到我们的财务状况，“拉戈姆”不希望我们成为守财奴。“拉戈姆”只是希望我们能更好地控制自己的支出，这样我们就可以偶尔放纵一下，以平衡我们的生活。

- 是时候开始存钱以备不时之需了。虽然我们中的大多数人并没有享受到一个作为安全网的成熟福利体系的好处，但或许，我们可以开始把一些钱存到储蓄账户上以缓解一些经济压力。

- 要少买东西，要投资在质量上乘的物品上。“拉戈姆”说，最好是攒钱买一件坚固耐用的物品，而不是去买一打便宜货。

- 在控制开支方面，我们可以开始做出许多切实的改变。比如，从家里自带午餐，而不是外出就餐，把购物次数限制在每周一次。

- 如果你从来没有做过预算，那么现在就是你开始记录开支的最佳时机。你不必从复杂的电子表格开始，尝试用一个简单的要点列表即可。

- 如果你已经有了预算，那么也许是时候重新审视一下，看看可以削减哪些开支，同时带来更有意义的体验，为你的生活增添价值。

- 现在，是时候认真处理压在我们身上的任何债务问题了。找一个能帮你减轻经济负担的顾问好好谈谈。

- 超出我们能承受的消费水平的生活会令人筋疲力尽。你难道还不累吗？

9

自然与可持续性

NATURE
+
SUSTAINABILITY

节俭的人才会富有。

瑞典谚语

在我们的生活中，“拉戈姆”真正闪耀之处，是在我们与自然和户外的关系之中。“拉戈姆”支配着我们看待环境的方式，并希望我们以可持续发展的眼光来看待和处理我们周遭的世界。

只要地球母亲和她的自然资源处于聚光灯之下，即使是表亲“詹代”也会自承失败并鞠躬退场，因为“拉戈姆”的伟大美德——正念——被展示出来了。

瑞典式的生活方式与自然有着千丝万缕的联系。瑞典人与自然的关系非常亲密，并且对自然充满了敬意，这种敬意从孩提时代起就得到精心培养并逐步加深。对瑞典人来说，只要是在户外消磨时间，就有一种天然的愉快和舒适。他们会风雨无阻地与大自然进行交流。最重要的是，他们有强烈的保护自然的意识。这种强烈的意识似乎与“拉戈姆”的自我控制形成鲜明对比。

这源于这样一个事实，即“拉戈姆”要确保每个人都能公平地获得相同的资源。当我们索取的时候，我们需要同等地回报，以保证别人也能享用。对我们共享的生态系统而言，我们每个人都有同样的享受的权利和补充的义务。

此外，我们从大自然获取的东西被看作一种贷款，必须用同等的金额来偿还，才能达到平衡。

“拉戈姆”有意识地控制我们消耗了多少资源，并让我们产生一种对周围环境的正念，进而孕育了可持续的态度。要对借来的东西小心照料，这样我们才能以近乎完美的状态将其归还，与我们获取它时一个样。

这种细心的维护和持续的照料就是可持续性发展的核心所在。

出于对大自然的爱

> 通过我多年的研究，我将“北欧幸福”定义为：建立在日常生活与自然之间的接口之上，以高度的简洁性设计我们周围的事物，以及对自然的亲近。
>
> ——朱莉·琳达尔，跨文化专家
>
> 《我的瑞典岛：发现斯堪的纳维亚幸福的秘密》作者

尽管在“拉戈姆”的适度中存在着冷静，但在保护自然资源方面，瑞典人却一反常态地积极主动。

为了充分理解这种充满爱意的保护主义在瑞典人心里根深蒂固的原因，我们需要及时回顾瑞典人是如何与环境进行互动的。

说到在户外消磨时间，瑞典人算得上风雨无阻。他们的这种心态也得到了政府政策的鼓励。

每年的 2 月下旬到 3 月初，瑞典人有休冬假的文化传统，学校会放假。这个假期就是要鼓励我们一起参加户外活动，在大自然中与家人共度时光。

1925 年，一个青年组织决定为对自然感兴趣的文法

学校的孩子们安排到山上进行实地考察。直到 20 世纪 40 年代，政府才抓住机会推出了一项“供暖保护倡议”。最初被称为“焦炭”（kokslov），政府采取了一项强制性的学校休假制度，以便定量供应煤和焦炭，因为这两种燃料是二战后用于供暖的主要燃料。这样不仅可以减少全国范围内的燃料消耗，还让学生有机会参加有组织的田野考察。到了 20 世纪 60 年代，这个想法也扩展到节省办公室里的供暖，并且演变成了新版本的“冬假”。

现在，把“冬假”与“公民的权利”结合起来，让人们可以自由地享受大自然的乐趣，这为瑞典人从小培养对户外活动的热爱搭建了舞台。

“公民的权利”允许我们自由地在户外露营、越野滑雪和徒步旅行，除了那些张贴有“禁止非法侵入”标志的地方，我们哪里都可以去。这一权利还允许我们尽情地采摘野生浆果和蘑菇。“公民的权利”鼓励我们去探索我们的后院。

超过 80% 的瑞典居民生活在绿色公园或自然保护区五公里范围之内，这对自然没有什么坏处。“户外协会”的调查数据显示，97% 的瑞典人赞成将这种接近自然的权利作为人的基本权利保护起来。

对任何一个瑞典人提到“我眼中的森林”(skogsmulle)这个词，就足以唤起他童年时代的记忆，记起那个教他探索和享受大自然的荒野偶像。有超过 200 个瑞典日托中心会收看户外协会的娱乐节目《风雨无阻》（*I ur och skur*）。

从很小的时候起，孩子们就习惯于在户外、在大自然中消磨时间，并被教导不要害怕大自然。他们不会把在户外度过的时间看成强制性的运动；现在它已经是人们的基本需要。

在日托中心和幼儿园，孩子们穿得严严实实走到户外，在雪中玩耍几小时。即使是不到六个月大的婴儿，也会在户外待上几分钟，呼吸新鲜的冬季空气。

虽然这种文化现象的关注点似乎在体育锻炼上，但它真正的潜在好处是塑造了有环保意识的公民。

公众能够免费接触自然，这意味着我们每个人都能发挥重要作用：通过尊重我们脚下的这片土地，确保每个人都能畅通无阻地亲近自然。保护环境成了我们的第二天性，因为我们在户外度过大量的时间。就像我们要定期打扫居所一样，我们也强烈需要清洁和保护户外环境。

这使瑞典政府在向其公民宣传可持续发展、生态友好倡议和保护环境方面的好处时处于一个非常有利的地位。几十年来，瑞典一直是世界上可持续发展能力最强的五个国家之一。

因此，对瑞典政府来说，这并不是一件很艰难的任务，因为瑞典人在成长过程中本来就有保护自然的天性。

培养可持续发展的理念

在我们的日常生活中做出一些简单的改变，以节约用水或能源，减少浪费，或更加健康地生活，可以给人类和地球带来巨大的好处。可持续的生活并不新鲜。但在我们忙碌的生活中，要执行起来并不总是那么容易。我们大多数人需要一些外界的帮助来践行一种更加“拉戈姆”的生活方式。

——乔安娜·亚罗
宜家集团可持续健康生活项目负责人

“拉戈姆”唤醒了我们的意识，并要求我们不断提出问题。它希望我们有意识地生活，希望我们充满好奇心，不断审视自己的行为，不断改善我们的生活方式，并且保护我们所珍惜的东西。

我们中的许多人都没有得到像瑞典这样的系统的好处，这个系统被设计来有意识地培养人们对自然日益加深的热爱。通常情况下，我们并不能生活在这样的政策之下，并不会被积极地推着走出家门，与大自然接触并尽情享受大自然。

但无论是否享有这些特权，我们都想在环境问题上有所作为。我们想尽我们所能保护周围丰富的自然资源。我们希望能够在不伤害或破坏自然的情况下充分享受和利用自然。

那么，我们怎样才能开始培养自己可持续的态度呢？在积极的绿色生活上，“拉戈姆”能教给我们什么呢？

让我们把它想象成学习游泳或成年后学习一门新语言。

如果我们从孩提时代就没有机会学习，那么长大成人后，学习就会变得更加困难。但无论如何，我们会更加努力。获得上述这些新技能可能是一项挑战。一路下来，我们可能会多次跌倒，但关键是要掸掉身上的灰尘，然后重新站起来继续学习。因此，在发展自己的可持续思维方式时，我们需要学习新的习惯。而且在大多数情况下，我们期待有明师为我们指明方向。

2014 年，瑞典家具和家居用品巨头宜家和萨里大学环境与可持续发展中心（CES）以及英国的非营利组织“绿色组织”合作，推出了“拉戈姆式生活”项目。它的使命是把这种长期存在于瑞典生活方式中的可持续性的做法带给全球大众。最初，200 名宜家的合作者收到了代金券，用于购买公司的产品，把更多可持续的习惯融入他们的家庭之中，进而将“拉戈姆式生活”项目推广到更广泛的受众。

该项目的目标是向我们展示，只要在家庭中做出微小改变——从减少用水量到循环利用物品，再到改用 LED 灯泡——就能节约金钱，减少我们的环境足迹，最终改变我们的生活质量。

本质上，它把我们塑造成“拉戈姆人”。

谁是“拉戈姆人”呢？

根据宜家“拉戈姆式生活”项目，“拉戈姆人”是指正在朝着更为“拉戈姆”的生活方式努力的人——在日常生活中做出一些小的改变，以尽量减少对环境的影响，节约资源，享受有趣、快乐和平衡的生活。

宜家“拉戈姆式生活”项目

通过推广可持续生活的吸引力和可承受性，宜家几乎没有意识到，它无意中发起了一场世界范围的运动，向人们介绍了 “拉戈姆”在生态做法之外更广泛的优点。

它让我们得以一瞥瑞典幸福满足生活的秘密。

勤俭节约，吃穿不愁

在生活中，我们可能都听到过这样一种说法："勤俭节约，吃穿不愁。"也就是说，浪费往往是出现短缺的前兆。我们管理资源的方式决定了我们是饱是饥。

我们已经知道，"拉戈姆"运动是反对我们生活中的铺张浪费的。它希望我们减少消费，并且意识到我们已经使用了多少东西，确保给他人留下足够的东西。

说到拉戈姆式的生活，大量关于建设可持续生活方式的举动都是非常切实可行的。我们可以采取许多具体步骤——无论大小——开始让我们的生活和我们的社区变得有所不同。

通过关掉不经常使用的电灯和电器，我们可以很容易地减少所消耗的能源，这将会产生巨大的影响。我们不仅节省了电费，而且减少了我们的社区、城市、国家以及更大的世界中能源的消耗，贡献了我们的微薄之力。

至于食物，世界上有很多运动都在敦促我们吃“长相丑陋”的食物。也就是说，外表完美的水果和蔬菜可能不完全符合我们的要求。购买有机的、可持续种植或生产的食品也会产生累积的影响。我们可以开始更加关注那些在生产经营中有环境意识和社会意识的公司。

控制食物的分量，只拿我们能吃完的东西，减少扔进垃圾箱的食物量。可以把罐头食品捐赠给当地的食品银行，并把剩余的农产品捐赠给当地的食品厨房。

偶尔一次的春季大扫除对我们大有好处。它不仅能帮助我们清理不需要的东西，还能帮助我们识别可以出售或捐赠的物品，而不是简单地将其扔掉。

大多数瑞典人不会自己种植食物，所以“拉戈姆”并不要求你在阳台上或花园里种植香草、花卉和蔬菜。可是，假如你喜欢或愿意尝试园艺，这也是另一种可持续的生活方式。自己种植不仅能省钱，还能帮助我们以适当的方式补充供应。我们只要采摘够用的几枝小茴香或几片薄荷叶就可以，而不用去买那些最终会被浪费掉的一大捆。

经历了漫长而紧张的一天之后，没有什么能取代浸泡在温水泡泡浴中所感到的活力。“拉戈姆”绝对支持我们通过有意识地照顾自己的身体来宠爱自己。然而，它也希望我们在放纵享乐时注意所使用的资源量——这里指的就是我们的用水量。因此，一个小小的、可持续的步骤就是减少我们泡澡的频率，有时可以用淋浴来代替。这个小小的举动在世界各地水资源短缺的战斗中发挥了很大的作用。同样，我们刷牙时，也应该关掉水龙头。

为了减少生活中的浪费，“拉戈姆”评估了我们当前的生活方式对环境的影响。

三个“重复”

——重复使用、重复补充、重复循环利用

为了鼓励在我们的家庭、工作场所和社区进行可持续性实践，在购买或扔掉一件物品之前，我们可以先问问自己，这件物品是否可以重复使用、重复补充或重复循环利用。这种推理方式将引导我们与已经拥有的或选择购买的物品进行互动。

许多商店和超市已经开始对塑料袋和纸袋收取费用，以努力减少环境浪费，鼓励我们重复使用已有的袋子。这是我们每个人都能在日常生活中做出的一个简单改变。

瑞典政府已经考虑削减我们购买的维修服务的增值税，来不断遏制浪费的态度，并宣传从自行车到家用电

器等各种产品的维修。

使用可补充容器可以帮助减少每次购买新包装时产生的浪费。用水瓶代替塑料瓶。用储存罐和香料瓶来保存东西。这些微小的努力在绿色生活中会产生滚雪球般的效果。

纸张、金属、橡胶和塑料可以被重复利用来创造新产品——从包装甚至到鞋子——所以，回收它们可以帮助进行再造，减少我们对自然资源的使用。同样的道理也适用于升级改造，也就是对已有的物品重新定位，赋予它们新的生命。可能是一些简单的、有创意的项目，比如把盒子攒起来做艺术品或手工，或者重新粉刷旧桌子，并把它搬到你家里的其他地方。

请记住这三种行为——重复使用、重复补充、重复循环利用——并把它们留在我们的脑海中，作为可持续发展的口头禅，让它帮助我们以微小而有力的方式来塑造自己的行为。这种美德会传递给我们的孩子，因为他们受到我们的亲身示范，也会追随我们的行动。

我们留下的足迹

你知道瑞典已经没有垃圾了吗?

瑞典的垃圾回收过程非常成功，只有不到 4% 的垃圾被送到垃圾填埋场。瑞典从其他欧洲国家进口了成千上万吨的垃圾，以维持回收工厂的运转。

这一壮举并非只靠政府的政策来实现，而是由你我这样的普通大众共同完成的。我们的小举动会影响更大的世界。这一切都始于我们愿意在自己的生活中每天迈出一小步，为我们周围可持续的世界做出贡献。

如果我们改变看待地球及其资源的方式，如果我们把这些储备看作我们向子孙后代借来的贷款，那么可持续性做法的必要性就变得显而易见了。

生态生活技巧

ECO LIVING TIPS

- 虽然在经过漫长而有压力的一天之后，我们喜欢通过泡澡放松自己，但我们也可以控制这样做的次数。多一点淋浴，少一些泡澡可以节约大量的水。
- 用洗碗机洗碗，而不是用手洗碗，可以节约用水。
- 关掉电灯，拔掉不用的电器。
- 尽量多回收利用。空的罐子、瓶子和包装可以用来制造新产品。
- 使用可重复使用的瓶子，而不是一次性的瓶子。
- 购买可重复使用的袋子，避免每次购物时都要拿塑料袋。
- 把家里的电灯换成 LED 节能灯。LED 灯消耗的能量要少 80%，而且持续使用时间更长。
- 试着把衣服挂在阳光下晾干，而不是把衣服烘干。除了节省能源之外，你还能得到只有真正的阳光才能给予的清新香气。

- 从长远来看，购买充电电池将为你节省更多的钱，并且减少浪费。
- 学习如何升级改造物品，而不是立即把它们扔掉。即使是那些空的厕纸卷,也可以和孩子们一起做一个有趣的创意项目。
- 如果可能的话，用 40℃的水温洗衣服，而不是用 60℃，这样可以减少一半的能量消耗。
- 把冰箱和冰柜设置在合适的温度以节省能源。
- 将室内温度降低 1℃可以节省 5% 的能源。
- 考虑自己种植食物。例如，种植香草不需要太多的空间。一个阳光明媚的窗台或阳台就可以了。
- 多花些时间卖掉或捐出不需要的衣服、家具和其他物品，而不是将它们扔掉。
- 寻找一些简单的方法，可以通过购买节能电器、工具和汽车来减少碳足迹。考虑通过步行或骑自行车来代替开车，甚至乘坐火车而不是飞机。

10

变幻世界中的“拉戈姆”

LAGOM IN A

CHANGING WORLD

“拉戈姆”是最好的……吗？

我们正逐渐成为世界公民，而不是仅仅把自己看作某个特定国家或地区的居民。我们的文化和传统正开始改变模式，并伴随着新的世界秩序一起发展。

我们拥抱其他文化的某些方面，来改善我们的生活方式，避免采纳那些离我们非常遥远，或者与我们长期持有的观念截然不同的生活观。我们不断地从其他文化中挑选合适的元素，来创造我们想要的理想生活。除了自我反省和自我实现之外，我们还不断尝试用从别人身上学到的最好的经验来武装自己。

“拉戈姆”也是如此，因为它并不是存在于田园诗般的泡沫中，幸福地与其他人脱节。“拉戈姆”试图在一个迅速全球化的世界中找到自己的立足之地。

虽然在我们的生活中，“拉戈姆”一直努力把我们推向最佳的状态，争取让我们在各个生活情境中做出正确的举动，但它远非完美。这是因为，表亲“詹代”出于嫉妒和评判将被永远地拴在“拉戈姆”之上。

仅仅笼统地介绍“拉戈姆”的优点和它对我们的生活的原本意图，而不谈及“拉戈姆”如何在不断变化的世界中前进，那么就会产生对“拉戈姆”的过去和未来的一种片面的、不平衡的看法。

正如我们在第一章中所探讨的那样，在我们讨论文化和情感的时候，“拉戈姆”被与有更多负面内涵的词联系在一起，诸如“中庸”“平均”和“中间道路”等，尽管“拉戈姆”这个词最初是指通过管理我们的期望和平衡多方的观点以丰富我们的生活。

“拉戈姆”是一种包罗万象的观察、行动和存在的方式。它并不是指像丹麦“舒适”（hygge）精神那样的舒适和亲密的具体时刻。“拉戈姆”是指像瑞典人一样思考的基本精神。它不断地修剪我们生活的花园，去除多余的树枝，清理多余的树木。它给我们留下了真正需要的、最优质的必需品，减少了我们生活中的压力。

然而，我们生活中这种积极的调整通常被视为规避风险的行为。

甚至连瑞典那半开玩笑的绰号——“半脱脂牛奶之地”——也有负面的含义。如果有人被称为“半脱脂牛奶之人”，那么他通常会被视为无趣、平庸和乏味之人。

因此，许多年轻的瑞典人正试图摆脱“拉戈姆”带来的刻板印象，这一点也不奇怪。一旦我们的需求得到了满足——这本身就是一种特权——我们又会想要什么呢？

难道就不允许我们热情地追求我们的欲望而不必关心世界的想法吗？

《拉戈姆》杂志

我们将“拉戈姆”这个概念作为我们在《拉戈姆》杂志上进行讨论的话题的起点，它在创意企业家和小企业主的生活中解决了工作与生活的平衡问题。

我们希望通过讲述那些为了追求自己的激情而独自出发的人的故事来激励大家。

“拉戈姆”这一概念和《拉戈姆》杂志都符合世界范围内关于可持续性、全球化以及引导人们过上满足生活的重要性的更为广泛的对话。

——艾略特·施托克斯和萨曼莎·施托克斯

《拉戈姆》杂志编辑

追求幸福

一旦我们的自信和价值观得到巩固，我们又会去向何方呢?

我们想要到达的顶峰就是自我实现。这意味着要明确地活出真实的自我，与世界分享我们的才能，并充分融入我们的个性。

这意味着要重新评估“拉戈姆”希望我们如何与彼此、团队和社区进行互动。当我们在社会和商业环境中应用“拉戈姆”时，我们开始重新定义什么是“合适的”。我们个人的舒适气泡正在膨胀，并且毫无歉意地侵入他人的空间。

毕竟，“拉戈姆”不是希望我们先照顾好自己的需求吗?

“拉戈姆”似乎正在与一个由社交媒体主导的即时满足的世界进行一场注定失败的战斗。在这个世界里，我们都希望得到关注和倾听。在这里，只需要几秒钟的时间就能吸引或失去我们的注意力。在这里，谁说得最大声谁就能得到奖励，不管他是否具备真正的才能。

对于将“拉戈姆”作为指导精神，瑞典人自己也在反思。许多人已经对“拉戈姆”带来的限制感到厌倦。他们也想以自豪而非克制的态度向世界展示他们的才华。瑞典的名流们正在打破这个外壳，并且毫不掩饰地按照自己的意愿生活。像兹拉坦 · 伊布拉希莫维奇这样的体育明星就一点都不“拉戈姆”。像莎拉 · 拉尔森这样的流行音乐明星，也活得非常热闹。

在我们追求幸福的过程中，“拉戈姆”也在张开双臂拥抱成功、财富和名誉，同时坚定地将表亲“詹代”挤出道路。

2017 年的世界幸福报告将瑞典排到了令人羡慕的第十位。根据这份报告，“越来越多的人认为，幸福是衡量社会进步和公共政策目标的恰当标准”。

在衡量一个国家的公民幸福程度时，会考虑到诸如

“关爱、自由、慷慨、诚实、健康、收入和善政”等幸福指数。虽然排名第十显然是一个值得尊敬的位置，但瑞典发现自己落后于北欧的邻居——挪威（第一名）、丹麦（第二名）和冰岛（第三名）。所以似乎“拉戈姆”正要进行大量的自我反省。

创造力和创新

> 接近一个多功能的、错综复杂的多元设计系统时，“拉戈姆”帮助我在可能的情况下尽情地追求和谐、平衡与秩序，并尽可能保持事物的“低调”，这一切让我更能理解复杂性。
>
> ——乔纳森·西姆科
> 资深设计师、摄影师

如果对风险的厌恶抑制了创造力，那么为什么从本质上来说运行于“拉戈姆”原则之上的瑞典始终是世界上最具创新性的国家之一呢？

瑞典有一个强大的创业环境，产生了像 Skype 和

Spotify（声田）这样的公司，以及一个竞争激烈的游戏产业，孕育了《我的世界》（*Minecraft*）等游戏。百万富翁、技术专家和风险投资家正在重建和重塑这个国家的社会 - 经济结构。尽管与其他国家相比，瑞典的贫富差距相对较小，但它仍然存在，而且每年都在缓慢地扩大。

瑞典人的聪明才智源于这样一个事实：无论我们投资什么以满足我们的需求，都应该持续下去。它应该是可持续的，如果我们每天都要盯着它看，那么它应该是赏心悦目的。

想想你最喜欢的一些瑞典产品。我们常常陶醉于其简单、实用和朴素的美丽。

“拉戈姆”轻松而直接的商业方式持续为这些创新产业提供燃料。它对简单性的追求帮助科技产业将复杂性削弱，成为直观的人工智能。

“拉戈姆”从来都不表示中间道路、平庸或平均。它的目的是促使我们生活的各方面都在最理想的层面上运作。专注于我们的优势，分散我们的弱点，在我们找到的解决方案中寻求和谐与平衡。

认可的力量

作为社会性的动物，我们彼此相互需要。

我们需要身边有紧密的社区和强大的支持系统。如果我们在生活中拥有满意的人际关系，也就是亲密的朋友、家人、同事时，我们会感到快乐。这种相互依赖让我们知道，我们并非孤立无援。一个陌生人的温暖微笑或善意举动会让我们在一天余下的时间里精神振奋。

如果正念是“拉戈姆”最大的美德，那么缺乏认可是其最深的弱点。“拉戈姆”要求不占用太多，不说太多，不给别人带来不便，于是它无意中在自己的内圈筑起了难以穿透的严密围墙。

作为人类，我们自然渴望得到反馈和认可。我们希望被告知，我们干得漂亮，我们正在步入正轨，我们的想法是杰出的。我们希望得到认可，希望被别人关注，希望我们的微笑和问候得到回应，让我们觉得自己是幸福大家庭中的一员。

虽然“拉戈姆”通过保持距离来促进自给自足，并积极为邻居考虑，但它的缺点是同时也带来了深深的孤独感，我们开始失去社区意识。这就是为什么许多瑞典人正在缓慢地摆脱“拉戈姆”中规中矩以及缺乏赏识的缺点，并且大胆走出它的阴影。

对初到瑞典的人来说，试图解读“瑞典人的沉默”是非常困难的，比如在分享个人成就之后，很难区分到底是哪种精神在起作用——是“拉戈姆”还是“詹代”。“拉戈姆”希望我们在工作中尽量不要吹嘘，这样我们就可以一直把预期保持在可控的范围内。“詹代”表亲在它后面说，我们不应该认为并表现得比其他人更好。

那些新来的人往往不得不亮出自己的专业名片和赞誉来获得尊重。对他们来说，这些不成文的规则可能会带来文化冲击。

根据政府机构瑞典统计局的统计，近五分之一的瑞典居民有外国背景。我们带来了不同的文化信仰和传统，我们学会了与这些文化共处，并在我们的生活中采纳了“拉戈姆”元素。

“拉戈姆”对公正和平等的倾向意味着它会张开双臂，接纳那些逃离艰难困苦的人。然而，它对压力环境和不适讨论的天然回避，也会造成一种人们感觉得到的孤立感。

这就意味着，在这个由最内向的人管理的最开放的社会里，融合、移民和多样性仍是最激烈、最痛苦的辩论焦点。

不要对你看到的一切进行评判，不要相信你听到的一切，不要把事情做尽，不要知无不言，不要有多少就吃多少，不要让人知道你心里或钱包里究竟有多少东西。

瑞典谚语

极端是平衡的必要条件

如果“拉戈姆”总是努力寻求平衡，那么难道极端不是我们生活等式的一部分吗？

如果我们总是在修剪生活的边缘——不太多，不太少——那么，我们是不是就会规避风险，选择阻力最小、最直接的道路呢？

如果我今天想要吃外卖，明天再吃点清淡的沙拉来平衡一下，那么我是不是还能说自己某种程度上生活在

“拉戈姆”中呢?

这就是当我们将“拉戈姆”与“平均”或“中间”画等号时会出现的问题。因为在其核心，“拉戈姆”意味着最佳。它象征着我们每个人的理想状态，在这种状态下，我们在生活中感到最满足、最快乐。它积极地希望把我们推向那个状态。

假如周游世界的疯狂冒险和懒散的周日下午手持书卷蜷缩在室内的这种生活平衡会让我感到快乐，那么“拉戈姆”会说，我需要更多疯狂的冒险和更多慵懒的午后。

重要的是，我们要记住，“拉戈姆”是一个变形器。它可以是定量或定性的、有形或无形的，“拉戈姆”希望我们在生活中减少定量上的极端，比如额外的财物和开支。但是，当涉及我们生活中需要的定性体验，比如情感和身体上的满足时，“拉戈姆”希望我们能完全满足它们的需要。

“拉戈姆”不希望我因为狼吞虎咽地吃了油腻的外卖食品就感到内疚。它从来与苦行和剥夺无关。

“拉戈姆”希望我做的是更加关注自己的情绪、身体和幸福。它希望我能适度地满足我的欲望，而不是剥夺它们。它还想让我积极地权衡放纵这些欲望对我生活中其他部分的影响。从本质上说，这意味着后退一步，来评估一下当前的行动是不是个好主意。

假如，我决定吃外卖是一个绝妙的主意，那么“拉戈姆”希望我用一些运动锻炼来平衡额外的卡路里，以使自己回到完美的平衡状态。

“拉戈姆”在我们生活的各方面都播下了知足的种子，希望它们能生根发芽，开出幸福和满足的花朵。

邀请“拉戈姆”进入我们的生活

知足者富。

——老子

中国古代哲学家

追逐欲求和渴望的诱惑比满足我们的基本需求要诱人得多。我们常常感到，要想真正活出我们的激情，积极追求我们想要的东西，就得邀请“知足”进入我们的生活。

但是，如果我们把“拉戈姆”拉到它的核心，暴露我们的基本需求，并以我们能承受的最高质量来充分满足这些需求，那么我们就已经为满足的生活搭好了舞台。摆脱了混乱和过度的束缚，我们可以尽情按我们的意图追求那些激情，同时学会用更少的需求用心生活。

正是正念与意图之间错综复杂的联姻，孕育了“拉戈姆”。

正如我在前面提到过的，在追求幸福生活的过程中，我们经常从其他文化中汲取灵感、从中学习，而“拉戈姆”也可以教给我们很多。最重要的是，我们可以选择在自己的生活中应用哪些东西。

我第一次遇见“拉戈姆”时，它就像房间里一头笨拙的大象。之后，我也把这种不言而喻的气质融入了我的日常生活之中。我也将自己充满活力的背景和文化融入其中，和在我生命的这个特殊阶段，与我产生了最多共鸣的“拉戈姆”精神一起，建立了一种强烈的社区意识。

那么，我个人是如何邀请“拉戈姆”进入我的生活中的呢?

我通过少说、只分享相关信息成了一个更好的倾听者。要知道，我的文化是会热情地拥抱陌生人并充分认可他人的。不过，我已经做到了很好的平衡。

我放弃了时尚饮食，代之以更平衡、更健康的饮食。我现在选择理性地、适度地进食。虽然这可能会减缓减肥计划，但我现在更快乐、更好管理自己。

关于幸福，我学会了更经常地说“不”。更重要的是，我不再为此感到内疚。我对自己也更有同情心了。如果我失败了，我不再觉得有必要立刻重新跳起来。只有当我完全做好了准备，我才会站起来。我需要花时间照顾自己。

我减少了衣服和美容产品方面的选择，减轻了不必要的、相当肤浅的压力。

虽然我从来不是天然的囤积者，但现在我只在家里保留真正需要或热爱的东西。而且，我更在意给其他人带来了什么。

再说我的工作生活，在分享成就时，我正在学习适当暴露的诱人艺术。我已经完全接受了“拉戈姆”这个很酷的约束。它说，你不需要把你的成功穿在衣袖上，或者一次性地拿出你所有的名片。

在规划和决策时，我现在会有意识地后退一步。我还想说的是，在某些情况下，要有所准备而不是依靠直觉，尽管这两种美德在我们的生活中都有各自的位置和彰显时机。

然而，不同于典型的“拉戈姆”会对建设性的反馈和认可有所保留，当别人做了很好或是很有意义的事情时，我会尽可能地多认可别人。

我在当前财务状况下确实生活得不错，买得少，但投资高品质的物品。我也养成了健康的储蓄习惯。

除了我每天所做的基本的节约能源和节水行动之外，“三个重复”成了我的朋友——重复使用、重复补充和重复循环利用。我尽可能地重复使用，我总是随身携带一个水瓶，而回收已经成了我们家的一个习惯。

我一直把“拉戈姆”最具魅力的品质融入我自己生活的丰富文化纹理中，而坚决地把表亲“詹代”拒之门外。

然而，“拉戈姆”并没有掌握所有的答案。在我们的基本需求得到充分满足的背景下，要让“拉戈姆”得到蓬勃发展，是一种奢侈的想法。

但“拉戈姆”恰好拥有将我们从过度消费的掌控中解放出来的钥匙。它把我们塑造成更加用心的生物，与我们的身体和需求相协调。它激发了我们的好奇心和意识。它引发了一些问题，帮助我们更好地评估我们选择带入自己生活的东西——无论是物品，还是人际关系。

“拉戈姆”希望我们通过问自己一个非常简单的问题来不断地质疑、改进和维护：我要做些什么才能让我今天感到满足和平衡？

一旦我们确定了生活中的核心价值和优先事项，“拉戈姆”希望我们能穿上靴子，努力工作，尽量少给自己造成压力。

虽然我们不需要强迫自己在阳台上种植盆栽植物，或者骑自行车以证明我们对可持续发展的承诺，但我们仍然可以在生活中做出有意义的改变，在生活中的某些部分选择和运用“拉戈姆”的一些元素。不管我们当下处于哪种精神空间，都可以运用“拉戈姆”的一些优点。可以让这些小小的有意识的改变，将我们拉近核心的平衡，那里有我们生活中最重要的东西，因为我们花了很多的时间照顾它们，让它们蓬勃发展。假如我们真的能让它们茁壮成长，那么，它们就会如毯子般在我们身边展开，带给我们舒适和满足。

这就是瑞典人幸福生活的秘密。

毕竟，如果我们已经郁郁寡欢太久，难道不该做出改变了吗？

致　谢

没有人是一座孤岛。无论在瑞典还是在瑞典之外，如果没有家人、朋友、同事和专业网络的支持，这本书就不会如我梦想的那样得以出版。你们欢迎我进入你们的家园和心灵，我对此深表谢意。

我首先要感谢我可爱的孩子们，特别要感谢我的丈夫乌尔班。他不仅是我的爱人、生活伴侣和最好的朋友，还是我非正式的瑞典语老师，为我提供意见，帮我厘清现实，完美地弥补了我天真的理想主义。

此外，我要特别感谢以下专业人士和专家慷慨地与我们分享此书中的深刻语录：玛加丽塔·希尔特·兰德格伦，约翰·达克斯伯里，玛丽·J. 克莱兹，卡琳·韦曼，林恩·布隆贝里，菲利普·沃克安达，莫妮卡·福斯特，克莱松·卡尔维斯托·卢恩，乔舒亚·菲尔茨·米尔本，朱利恩·S. 波瑞莱，图德·舒特，大卫·怀尔斯，乔安娜·亚罗，英厄拉·加布里埃尔松，谢尔·A.努德斯特伦，艾略特·施托克斯和萨曼莎·施托克斯，朱莉·琳达尔，乔纳森·西姆科。

我还要感谢出色的插画师和设计师西内姆·埃尔卡什，她为这本书创作的插画展现出非凡的创造力，对“拉戈姆”进行了美丽的诠释。

最后，我要感谢编辑格蕾丝·保罗。她不仅建议我出版这本令人激动的书，而且在我们共同努力的过程中给予了我无限的支持和理解。

理解“拉戈姆”需要所有人同心协力。

有美丽可被欣赏和享受，有光可被捕捉和展示，有生活可供体味。在混乱和纷扰的生活中，找到“拉戈姆”，就找到了美好。在这里，每件事物都有其合适的位置，有偷来的闲暇和平衡时刻，甚至还有安宁感。

——乔纳森·西姆科，资深设计师、摄影师

图书在版编目（CIP）数据

不太多，不太少 /（瑞典）罗拉·A. 阿克斯特伦（Lola A. Akerstrom）著；施红梅译．—长沙：湖南文艺出版社，2018.5
书名原文：LAGOM
ISBN 978-7-5404-8630-3

Ⅰ．①不… Ⅱ．①罗…②施… Ⅲ．①生活方式－通俗读物 Ⅳ．① C913.3-49

中国版本图书馆 CIP 数据核字（2018）第 067999 号

著作权合作登记号：18-2017-332

上架建议：畅销·生活方式

BU TAI DUO，BU TAI SHAO
不太多，不太少

作　　者：［瑞典］罗拉·A. 阿克斯特伦
译　　者：施红梅
出 版 人：曾赛丰
责任编辑：薛　健　刘诗哲
监　　制：吴文娟
策划编辑：董　卉
特约编辑：陈晓梦
版权支持：辛　艳
营销支持：李茂繁
封面设计：利　锐
内文摄影：罗拉·A. 阿克斯特伦
插图设计：西内姆·埃尔卡什
内文设计：李　洁
出版发行：湖南文艺出版社
（长沙市雨花区东二环一段 508 号　邮编：410014）
网　　址：www.hnwy.net
印　　刷：北京中科印刷有限公司
经　　销：新华书店
开　　本：875mm × 1270mm　1/32
字　　数：130 千字
印　　张：9
版　　次：2018 年 5 月第 1 版
印　　次：2018 年 5 月第 1 次印刷
书　　号：ISBN 978-7-5404-8630-3
定　　价：45.00 元
若有质量问题，请致电质量监督电话：010-59096394
团购电话：010-59320018